国外当代教育研

精准教学系列

主　编　盛群力　肖龙海

副主编　冯建超

标准驱动的课堂：

精准教学的实践模式

BIAOZHUN QUDONG DE KETANG:

JINGZHUN JIAOXUE DE SHIJIAN MOSHI

[美] 卡拉·摩尔　迈克尔·D. 托特　罗伯特·J. 马扎诺　著

莉比·H. 格斯特　蒂娜·森　协编

丁旭　译　　盛群力　审订

中原出版传媒集团

中原传媒股份公司

大象出版社

·郑州·

图书在版编目(CIP)数据

标准驱动的课堂：精准教学的实践模式／(美)卡拉·摩尔，迈克尔·D.托特，罗伯特·J.马扎诺著；丁旭译.—郑州：大象出版社，2018.11
(国外当代教育研究译丛.精准教学系列)
ISBN 978-7-5347-9941-9

Ⅰ.①标… Ⅱ.①卡… ②迈… ③罗… ④丁… Ⅲ.①课堂教学—教学研究 Ⅳ.①G424.21

中国版本图书馆CIP数据核字(2018)第235364号

著作权专有许可合同备案号：豫著许可备字-2018-A-0088

出 版 人 王刘纯
责任编辑 张 欣 张 阳
责任校对 裴红燕
装帧设计 张 帆
出版发行 大象出版社(郑州市开元路16号 邮政编码450044)
发行科 0371-63863551 总编室 0371-65597936
网 址 www.daxiang.cn
印 刷 河南新华印刷集团有限公司
经 销 各地新华书店经销
开 本 787mm×1092mm 1/16
印 张 8
字 数 104千字
版 次 2018年11月第1版 2018年11月第1次印刷
定 价 20.00元

若发现印、装质量问题，影响阅读，请与承印厂联系调换。
印厂地址 郑州市经五路12号
邮政编码 450002 电话 0371-65957865

浙江省卓越教师培养协同创新中心

2017—2018 年度重点项目“教师教学设计应用模式研究”成果

浙江传媒学院教师教学发展中心合作成果

精准教学系列

“精准教学系列”（The Essentials for Achieving Rigor Series）这套教学指导书有助于教育工作者在实施、监控和适应教学方面做到得心应手。本系列采用了日常示例作为课堂应用的范例，使之具有即时的实践效果。

《确定关键内容：把握重点的方法》

《言之有理：提出与辩护主张的方法》

《记录与表征知识：准确组织与总结内容的方法》

《区分异同：深度理解的方法》

《加工新知：参与学习的方法》

《梳理知识：检查深度理解的方法》

《编制与使用学习目标和表现量规：教师如何作出最佳教学决策》

《参与综合认知任务：跨学科提出与检验假设的方法》

《操练技能、策略与过程：熟能生巧的方法》

《组织学习活动：小组互动方法》

《标准驱动的课堂：精准教学的实践模式》

致 谢

国际学习科学组织（Learning Sciences International）感谢以下审稿人的帮助:

梅丽莎·S. 柯林斯
（Melissa S. Collins）
田纳西州，孟菲斯，
2014 年田纳西州年度最佳教师

亚伦·西泽
（Aaron Sitze）
伊利诺伊州，俄勒冈，
2013 年伊利诺伊州年度优秀教师候选人

蒂芙尼·理查德
（Tiffany Richard）
堪萨斯州，奥拉西，
2012 年堪萨斯州年度优秀教师

献词

向所有精准教学模式示范学校的老师和领导致敬，你们的坚持不懈和为新型学习开辟道路的勇气让我深表钦佩和敬意。特别感谢艾克雷志・磐斯公立小学四年级教师莉萨・罗曼（Lisa Roman），她的课堂已经成为一个不断展示学习、反思和恭谦的学习实验室。

——卡拉・摩尔（Carla Moore）

作者简介

卡拉·摩尔（CARLA MOORE），教育学硕士，是一位经验丰富的专业开发人员，曾任英文教导主任，教师和管理者。她监管国际学习科学组织的产品和内容开发，特别强调教师和管理人员工作的有效性。她为 K–12 教育作出的贡献得到了全国性的认可。目前担任国际学习科学思想领袖，她与罗伯特·J. 马扎诺（Robert J. Marzano）博士共同撰写专著《编制与使用学习目标和表现量规：教师如何作出最佳教学决策》和多篇研究论文。

迈克尔·D. 托特（MICHAEL D. TOTH）是国际学习科学组织的创始人兼首席执行官。托特先生曾任国家教学职业中心主任、大学教授、研究与开发基金总监。他将自己在大学研究与开发的团队转型为一家公司，关注于领导力、教师职业发展、与学生成绩相关的教学有效性。

托特先生积极投身于研究和开发，对教育管理者公开进行培训，并就领导力和教师效能问题、学校改革以及职业发展系统等方面提供咨询。他与罗伯特·J. 马扎诺合作撰写《教师评估的作用：教师成长和学生成就的新模式》，与贝弗莉·卡堡（Beverly Carbaugh）、罗伯特·J. 马扎诺共同撰写《面向结果的学校领导：领导者评价焦点的转换》。新近著书《谁动了我的标准？变革时代的快乐教学：绝好故事》。

罗伯特·J. 马扎诺（ROBERT J. MARZANO），哲学博士，教育研究专家，演说家，培训师，作家，著有 30 多部专著以及 150 多篇论文，涉及教学指导、评估、写作及实施标准、认知、有效领导力和学校干预等。他最新的研究和理论转化为全世界教师和教育管理者广泛实践的课堂策略。

马扎诺博士协同创建了国际学习科学组织“马扎诺精准教学模式研究中心”，以促进支持大学和职业预备标准的关键教学技能和教学策略。马扎诺博士与国际学习科学组织还提出了马扎诺教师评估模式、马扎诺学校领导力评估模式和马扎诺区域领导力评估模式。

莉比·H. 加斯特（LIBBY H. GARST），弗吉尼亚大学教育学硕士，在转向教学之前有超过 15 年的成功从商经历。之后作为中学教师和小学数学辅导教师，她在教育中度过了将近 15 年。她丰富的职业背景为教师、学校和地区提供了一个独特的视角。

蒂娜·森（DEANA SENN），毕业于得州农工大学，蒙大拿州立大学理学硕士，教学策略和课堂评估专家，具有超过 15 年的教育经验。她的课程和教学经历跨越了美国和加拿大，乡村和城市，学校（层面）和地区（层面）。她与马扎诺中心团队共同努力开发相关内容，并在美国全国范围内开展各类教学培训。

目　录

引 言

1

我们写这本书，是为了给任课教师展示一个为基于标准驱动的课堂提供精准教学模式的大图景。本书是精准教学模式的导论，有的读者可能已经阅读过精准教学模式系列书籍，并且致力于针对具体教学和规划策略进行课堂实践。本书的目标首先给出精准教学工作原理的全景概述，接着回答“如何做”和“为什么做”的问题，以帮助读者成功地在标准驱动的课堂实施精准教学的规划。

精准教学模式基于马扎诺《教学的艺术与科学》（*The Art and Science of Teaching*，2007）研究中的教学策略，以及国际学习科学组织在美国各地进行的研究和试点项目。数据显示，教师缺乏一个核心模式来明确地指导他们进行必要的教学转变，以达到精准教学的标准。国际学习科学组织马扎诺研究中心开发了精准教学模式，并在佛罗里达州派内拉斯县（Pinellas County，Florida）等多地进行相关实证研究，利用实验和管理学校将教师的课堂实践与学生的增值指标联系起来。开发人员又根据数百名教师和管理人员的反馈，对精准教学模式进行了修正。培训师和开发人员在美国各地进行了精准教学模式策略的检验和巡视，以确保实证研究和理论模式转化为基于标准驱动的课堂的有效教学模式，从而帮助教师获取准确客观的教学效果。

2

基于标准的教学

当我们谈论标准教学（standards-based instruction）时，必须将重要的一点常记于心，即在标准驱动的课堂中，学生应该达到规定水平的标准。也就是说，教师应确保所教授的内容及其教学方法能够使学生在技能和概念的学习中达到规定的年级水平的标准，并能够展示学习成果。

下表中许多术语和概念将会在后面的章节中进行深度的探究。

术语和概念表

术语	定义
学术标准（Academic standard）	国家、州或地方各个层面的声明，表明已批准的教育标准，指定学生在各年级的学习内容
《共同核心国家标准》（CCSS）	《共同核心国家标准》是由共同核心国家标准计划（CCSSI）开发的标准文件的正式名称，其目的是为美国学生的大学深造和职业生涯做好准备
《大学与职业准备锚定标准》（CCR）	《大学与职业准备锚定标准》是一个较为宽泛的说明，包含针对各年级和特定内容领域的具体标准
预期结果（Desired result）	由于实施一项具体策略而对学生提出的预期结果

（续表）

术语	定义
监控 （Monitoring）	在实施具体策略时，检查学生是否达成预期结果的行为
形成性评估 （Formative assessment）	持续监测学生的学习证据，包括正式和非正式的衡量学生成绩的手段
教学策略 （Instructional strategy）	已经证实的、在课堂教学中较可能提高学业成就的一类方法
教学方法 （Instructional technique）	用于使学生掌握和深入理解知识和技能的方法
内容 （Content）	学生达到标准要求所需的知识和技能
支架 （Scaffolding）	有针对性地提供支持，从而使认知复杂性和学生自主性达到精准目标
拓展 （Extending）	将已经表现出预期结果的学生提升到更高理解水平的活动
表现量规 （Performance scales）	依照具体标准或相关标准，清晰反映知识和技能达到不同层次的连续量规
学习目标 （Learning targets）	由简短描述性短语构成的通用目标，通常在表现量规中使用项目符号或以大纲的方式列出，详细说明学生必须理解并能够应用的知识和技能，并能够展示对学业标准的理解
分类学 （Taxonomy）	详细描述认知表现水平的组织或分类系统。马扎诺教育目标分类学包含四个层次的处理：知识提取、理解、分析和知识应用

（续表）

术语	定义
专业学习共同体（Professional learning community）	不同年级层次或专业领域的教师队伍应定期集合以建立学习目标和表现量规，并检查当前的教学实践和学生学习的情况，以提高学生成绩
精准教学（Rigor）	课堂教学需要高水平的认知复杂性，以及高水平的学生自主性

你正在阅读的书是“精准教学系列”丛书的精华内容，概述了精准教学模式的目的及其在课堂中的应用。本系列的其他书籍精准地探讨了模式的组成部分和嵌入每个部分的基于研究的教学策略。整个系列浑然一体，详细介绍了基本课堂策略，以支持为所有学生创造精准学习而进行的复杂的教学转变。本系列中的每本书仅关注一个教学策略。这本书是一个例外，将所有的模式都整合在一起，以便读者和教育工作者能够了解在一个统一的教学系统中教学策略是如何相互支持和相互补充的大图景。该模式的主要目的是帮助教师发展专业知识实现精准教学，既有创造性（艺术），同时兼有基于研究的知识（科学性），确保所有学生都能获得成功。同时也希望读者和教育工作者一同继续探索精准教学模式，通过课堂应用激发教学热情，明确教育的最终目的。

第一章　大图景

为什么这是新的教学模式? 5

当你即将开始旅程时，做的第一个决定就是选择你的目的地。接着，你展开地图或打开你的 GPS，思考如何才能到达那里。当美国各州正在实施新标准时，虽然教育工作者都知晓他们的目的（标准），但他们往往不能确定如何才能达成目标（策略）。所以，我们需要一个“教学 GPS”来指导我们达到教学上的“精准”目标。

精准教学模式旨在帮助教师重新设计以标准驱动的课堂。国际学习科学组织马扎诺研究中心在美国各州学校的研究实践中，体会到教师又重新发现了自己教学的活力、目的和教学的乐趣。更重要的是，这个教学模式不是一套繁文缛节，也不是一套适合任何课程的任务清单，而是一套相互关联的教学策略，帮助学生在学习中达到课程标准要求，组织学生开展复杂的教学任务，评价他们的学业进步，并帮助教师在备课和教学过程中借鉴同行的有效教学经验。

高等教育的国家标准强调大学教育和职业准备。但是，在大多数情况下，我们很少被要求组织学生参与高度综合的学习，因此，新的国家标准呼吁这种转变，而国际学习科学组织马扎诺研究中心设计的精准教学模式恰好解决了这些问题。精准教学模式，其准则和基本要素能够帮助教师采取最快捷、最有效的途径设计标准驱动的课堂，我们都知道，教育工作者是多么努力地工作，他们真诚地希望学生能够在标准驱动的课堂中达到精准教学的要求，本书介绍的内容可以助你一臂之力，取得成功。

6 精准教学模式的研究基础

精准教学模式（参见图 1.1）展示了教师如何在标准驱动的课堂中进行策划和教学，并培养协作文化以辅助教学计划和教学过程。

构成精准教学模式的教学规划和教学策略历经了长期的检验和改进。罗伯特·J. 马扎诺对几十年来被证明与提高学业成绩相关的课堂教学策略的数千项研究进行了元分析，进而深入完善了《教学的艺术与科学》框架，并在大量的教学策略方面对相关教师进行了 300 多项实验 / 控制研究，旨在建立教学策略与学生学业成绩之间的直接联系（Marzano，2007）。

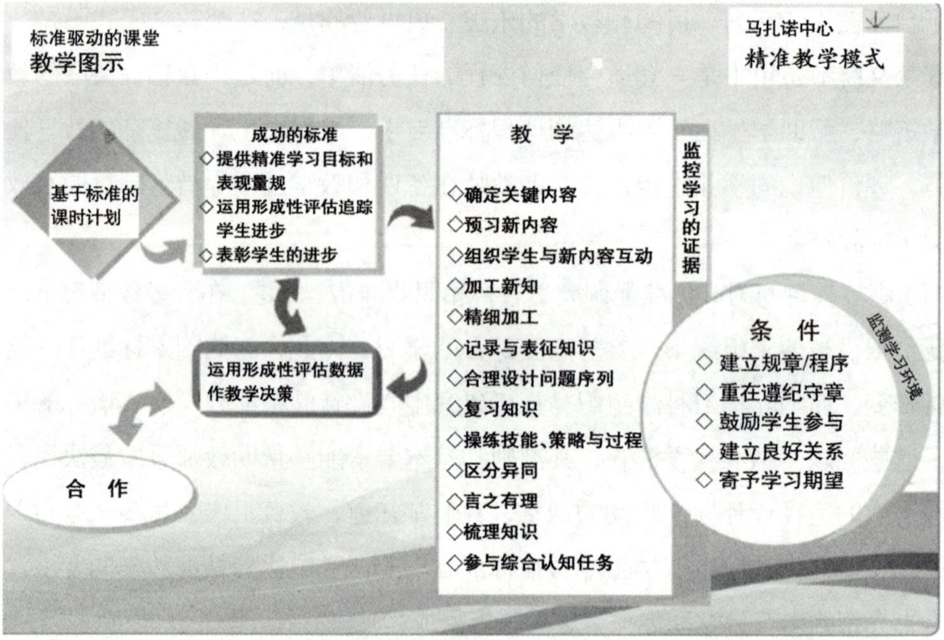

图 1.1 精准教学模式

国际学习科学组织在美国各州的试点项目中进一步推进了这一研究，其中教师在精准教学模式中教学策略的应用与学生增值指标成正相关。基于
7 数百名教师和管理人员的反馈，研究中心对该模式不断进行修订完善，还

汇编了来自美国20多所精准教学模式示范学校和定向地区研究项目的数据。研究结果反映了实验研究和理论模式能够转化为应用于标准驱动的课堂教学的有效教学模式，同时教师也能获取教学计划中预期的学生学习成绩。

精准教学模式在课堂中的迫切需求已被国际学习科学组织马扎诺研究中心所证实。研究人员分析了来自美国各州的200多万个数据节点，以了解教师使用精准教学课堂策略的频率。图1.2显示了课堂教学帮助学生学习和实践新内容的频率。可以看到，大部分的课堂实践（94%）涉及的是相对简单的思维训练和自主性相对较少的活动（与新内容的实践和深化相互作用较少），只有6%的课堂实践要求高度综合的认知和自主性水平，如生成假设和检验假设。

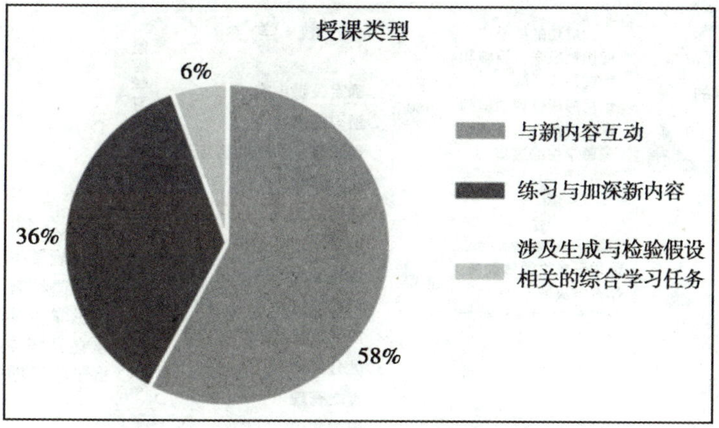

图1.2 6%的课堂实践涉及综合性认知任务

随着学校开始实施国家教学新标准，会有更多的证据表明，教师应用支 8
架辅助学生学习，能够帮助他们达到最高水平的综合认知。学生应该培养高水平的认知技能——这是州标准修订意见中的一项重要目标。首先标准不仅仅在于“教什么”，而是毫不保留地强调教学法，也就是“怎么教”。通过对美国课堂的调查，遗憾地发现能够达到精准教学效果的课堂仍然比较少见。本书中的精准教学模式可以帮助促进教学法的转变，也可以看作是一个通向精准教学目标的路线图。以下对这一模式的工作原理作一详细讨论。

要点一：基于标准的课时计划

基于标准的课时计划影响精准教学模式的所有其他组成部分。这是关键的第一步（参见图 1.3），因为在标准课堂的驱动下，对课时和单元进行规划，并且创建相应的评价方法对学生达到标准的每一步进行评估，必将帮助学生在学业上取得成功。

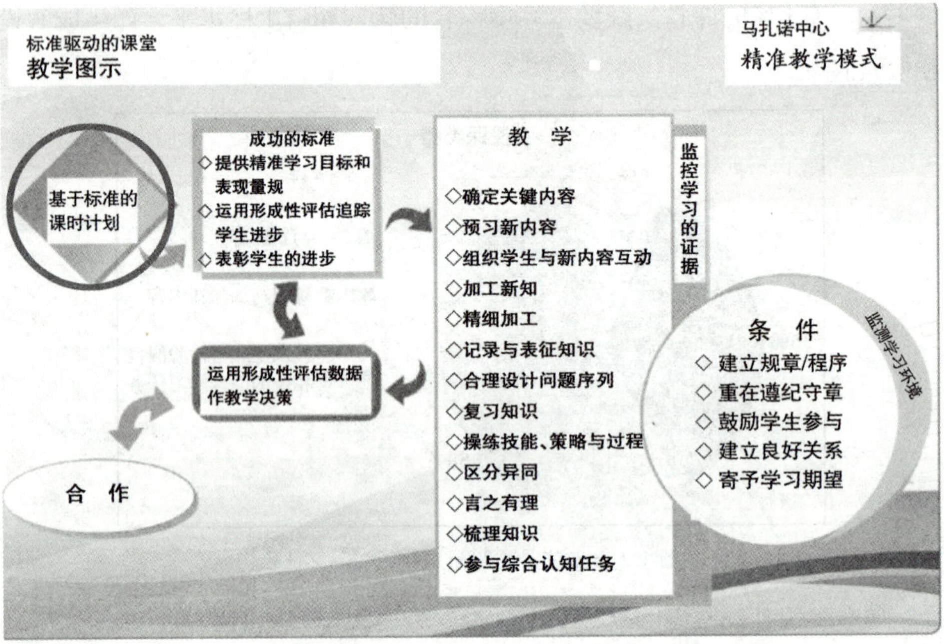

图 1.3　精准教学模式中基于标准的课时计划

9 为什么基于标准的课时计划如此重要？显然，如果教师期望学生的学习能够满足将来在现实世界中的严格、独立和适用的要求，教师就需要规划出有助于学生实现这些目标的教学活动。这是广义上的基于标准的课时计划的依据，也反映了国家标准从以课程或资源为基础向真正的标准驱动的课时计划进行转变。

这种转变在课堂上的表现是什么样的呢？为了帮助教师清楚地了解自己的课时计划和教学方式如何改变，国际学习科学组织的顾问经常要求他们做一个简单的练习：教师选择曾经依照的州标准，列出之前让学生满足这些标准而设计的各种小的学习目标，顾问同时要求教师在另外的纸张上写出在教学中实施的所有与标准相关的活动。

教师展示依次排列好的学习目标，同时按照顾问的要求，将他们实施的每个课堂活动与学习目标进行连线，并将与任何目标都不相符的活动放在单独的一组中。

你能猜到发生了什么吗？有一些学习目标根本没有相一致的教学活动，而那些与教学目标不一致的活动却有很多。教师惊讶地发现他们在练习上、游戏上和节假日实践活动的安排上花费了大量的课堂时间，但是这些都与学生应该达到的学习标准关系甚微。

显然，美国大多数州都有适用于某段时间的教学标准，有的可能也会涉及精准的教学标准。但教师却很少使用这些教学标准直接规划自己教授的课程，而是经常依赖于课程大纲和其他教学资源来进行课时计划，权且假设这些教学资源具有一致性。然而事实上，许多教师总是很懊恼，在很多情况下教学资源和课程大纲只是部分对应，并不能体现完整的教学标准。

基于标准的教学规划需要心理上的转变，这将激励教师制定符合教学标准的准则，在课堂中实践标准驱动的教学活动，并为成功设立良好的环境；
这才能使教师在标准驱动的数据评估中积极实践，并提供一个清楚的教学结 10
构，以便开展学生的团队合作活动。综上所述，基于标准的教学规划是基础，影响着精准教学模式中其他所有要点的实施。

要点二：成功的标准

进行精准教学的第二步是“三管齐下”，指导教师将学生推向复杂的批判性思维水平。教师应共同努力，为课程制定统一的、基于标准的评价量规(参见图 1.4)。学业评价量规是一个连续统一体，系统反映符合不同层次的教学标准的知识和技能。这将要求教师能够使用以每分钟或以每天为单位的形成性评估策略来跟踪学生的进度，并调整教学，因材施教。教师也要优先考虑反馈意见，并在获得证据时及时鼓励学生在学习上的进步。

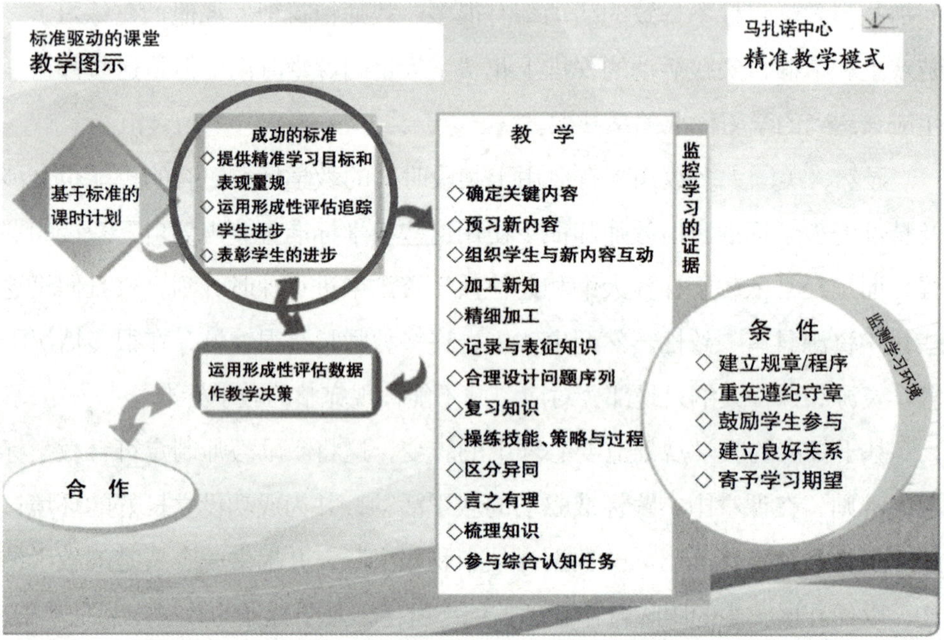

图 1.4　精准教学模式中的成功标准

11

创建统一的、标准驱动的评价量规

教师们学习目标和学习表现量规都属于类似于地图或 GPS 这一类的功能性工具，起的作用是引导学生最终达到具有挑战性的学习标准。学习表现量规也可以作为备忘记事本，使每个人都以直观的方式关注每堂课的进步。换句话说，学习表现量规展现达到学习目标的进展记录，可以让教师和学生识别他们需要知道的内容以及需要达到的目标（即满足要求的目标或可以超越的最终目标）。学习表现量规还可以使学生能够跟踪学习进度，以鼓励他们对自己的学业负责到底。

位于佛罗里达州西棕榈滩的德雷夫斯艺术高中的副校长科里·弗雷拉（Corey Ferrera）对教师使用量规的范围和好处进行了总结：“创建学习量规是最困难的，就像生了病必须吞咽最难吃的药一样。首先，为什么我们需要制定学习表现量规呢？因为我们需要给学生事先定义质量如何评价。其次，在大多数课程中，学生是各不相同的，学习表现量规使所有的学生处于一个平等的竞争环境，也使他们清楚教师的期望是一致的。学习表现量规可以缩小学习效果的差距。最后，学习表现量规定义了学生需要知道的内容以及他们能做什么。我希望大家都可以认识到学习表现量规是一个强大的工具。”

> 学习表现量规可以缩小学习效果的差距。

使用形成性评估以跟踪学生学习进度

如果学生学习表现量规确定了成功的标准和要素，那么教师就可以通过形成性评估来评价学生是否成功。我们在精准教学模式中具体地给出形成性评估的概念，即对学生学习的证据进行的持续性监测。所有的课程都应该进行形成性评估，包括以正式的和非正式的评价手段来评估学生的成绩。

形成性评估强调不断地收集学生进步的数据。教师可以通过听取两人小 12
组或多人小组的活动对话来评估学生的知识掌握情况和思想情况；可以检查学生展示的白板信息；可以收集“学成卡”；可以要求学生在笔记本和反思

日志上记录自己的学习进度；可以使用各种各样的提问技巧进行提问。教师应在学生学习的每个步骤上积极地发现能够证明学习成绩的信息，否则就不能认为学生已经获得了知识。

为什么形成性评估在转向精准教学的过程中如此重要？这是因为持续进行的形成性评估与跟踪学生学习以达到教学标准的要求密切一致，教师可以根据需要调整教学，如果时间允许，还可以帮助那些掉队的学生。形成性评估需要教师非常重视标准趋向过程中的进步。因此，无论对教师还是学生来说，都没有单元结束或学年结束带来的惊喜了，而是需要怀着一颗平常心。

表彰学生的进步

如果评价量规和成功标准制定好了，并且教师使用这些标准追踪了学生的学习进度，那么成功标准的第三个要素——表彰学生的进步，就是一个合乎逻辑的必要的节点了。教师需要向学生提供他们针对学习目标或评价标准展现出的学习进步的反馈。

表彰学生进步不仅仅在于拍拍学生的后背或引导团队给予喝彩，而是让学生自己意识到学习的本质和学习的责任感，理想的效果是让学生为自己的成就感到自豪，认识到自己并没有驻足不前，而且更有动力继续前进。这一策略需要教师不断地监督学生的学习，定期向学生提供正式或非正式的反馈意见，从而帮助学生继续进步。

13 要点三：教学

精准教学模式的第三部分是由 13 种教学策略构成的（参见图 1.5）。国际学习科学组织马扎诺研究中心确定的 13 种教学策略是基于研究，用以辅助教学达到精准要求的至关重要的教学策略。在规划课程时，教师需要对达到学习目标所需活动的认知复杂性以及学生自主权的程度进行分析。精准教学模式通过马扎诺的教育目标新分类中知识系统和认知系统从初级阶段信息的提取（或信息的识别、回忆、处理）到更高的等级，即在真实世界的情境里“应用知识”，关注决策、解决问题、开展实验和调研，来辅助教学过程。

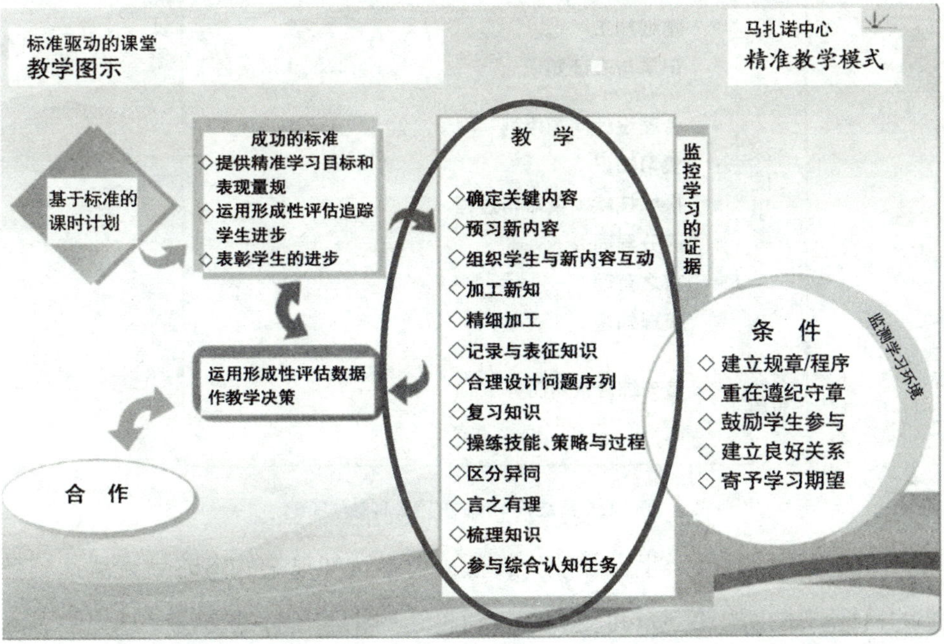

图 1.5 精准教学模式中的教学元素

在图 1.6 中，这 13 种教学策略从基础学习的教学策略（通常需要更多的教师支持）开始，到逐渐减少教师支持并使学生独立深入思考的深度学习教学策略，最终实现学生能够进行复杂思维的教学策略，在其中学生将生成新知识而不是消费知识。

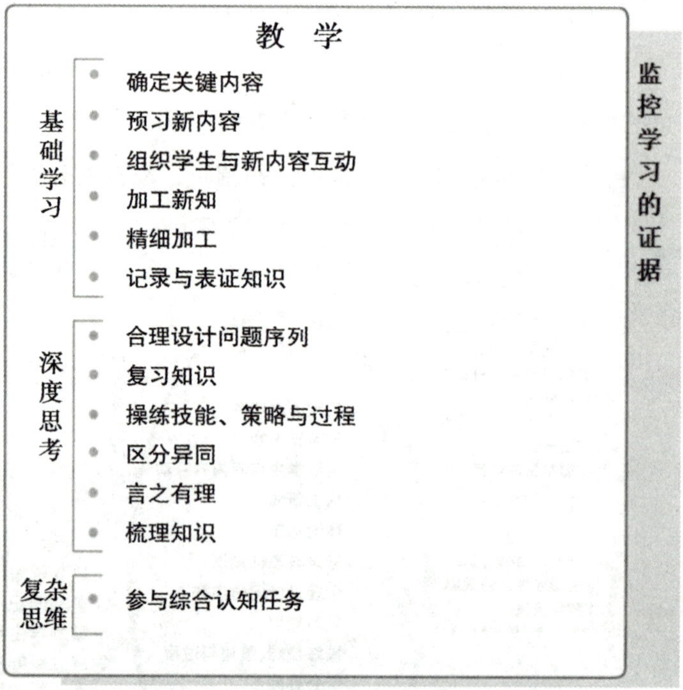

图 1.6 精准教学模式的 13 种教学策略

再次强调，如果学生自主能力较低，更多认知复杂的策略就无法达到精准的目标。本书的第三章将更详细地讨论达到精准目标的方法。这里强调的是，复杂性和自主性都需要在认知需求中共同地、相应地发展，这样学生的学习成果才能被认为达到了精准的标准（参见图 1.7）。

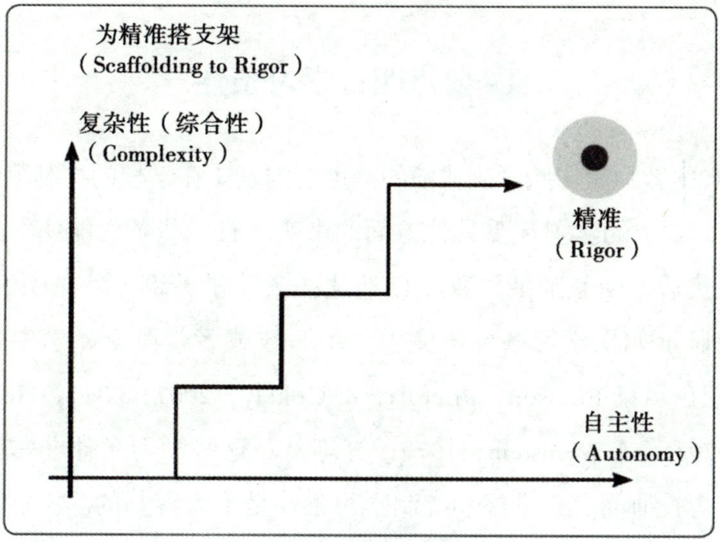

图 1.7 教学精准标准驱动的课堂必须包含高水平的认知复杂性和高度的学生自主性，圆点代表学习精准的有效点

这 13 种教学策略来自《教学的艺术与科学》（Marzano，2007），这些教学策略以实证研究为基础。这一系列的教学策略并非必须一步步按照路线图执行，相反，教师应自主决定使用哪些策略有助于学生学习、深化并应用知识。虽然这些教学策略以线性形式列出，教师仍然可以选择在教学的任何阶段采用任何一种策略，从构建学习基础内容到深化内容，应用知识和技能参与复杂任务，这些都应根据学生的需要随时进行调整。有时候，即使在一堂课内，教师也可能会考虑到学生从高到低的认知需求和自主能力，从而不断地调整教学策略。这些教学策略代表了从传统的课堂教学到以学生为中心的重大转变，同时与大学和职业准备的标准保持目标一致（Marzano & Toth，2014）（请参阅关于 13 种教学策略的深入讨论的精准教学系列书籍）。

要点四：学习条件

在课堂中教师是影响学生成绩的最重要因素（在学校的控制范围内），除此之外，学生的学习还受其他方面的影响。有一些条件能使学生真正地从教学中获益，而教师能否善于创造这些条件是关键（参见图 1.8）。更多的研究显示如果学习条件不完美、不一致或者是匮乏，学生就不可能开展学习（参见 Ericsson，Prietula，& Cokely，2007；Glass，Holyoak，& Santa，1979；and Weinstein，1979；等等）。这些学习条件非常重要，同时对于有些教师而言，掌握和控制学习条件是不太容易的。所以与课堂学习条件相关的任何问题都应该是教师和管理者时刻监测并及时提供反馈的首要因素。如果已经具备了良好的学习条件，教师就不需要强调这方面了。在学生行为达到最低期望之后，教师就可以将课堂时间更好地用于改善自

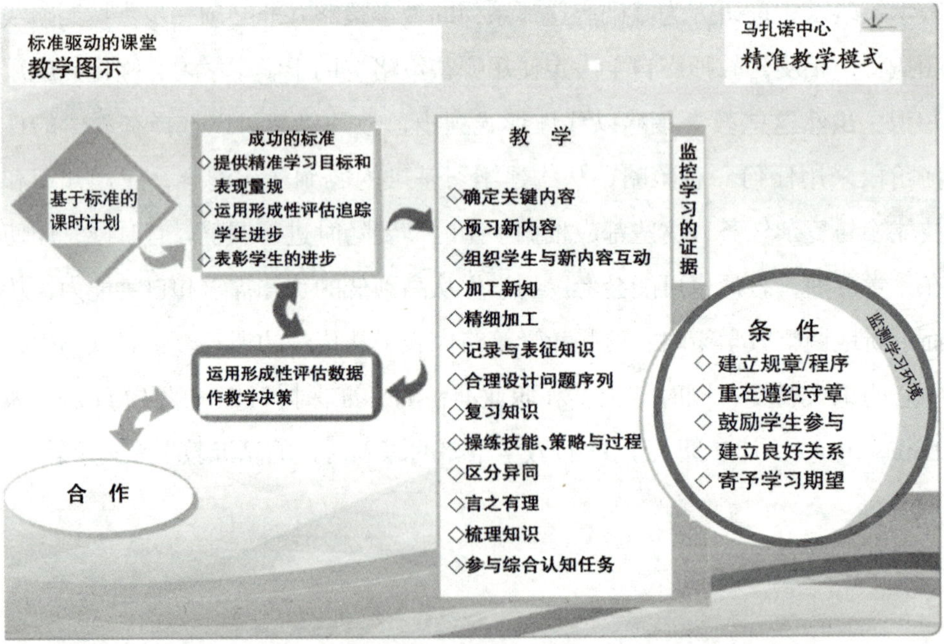

图 1.8　精准教学模式中学习条件的组成

已的教学实践了。建立良好的学习环境能够使学生逐渐达到学习自主和复杂 17
性的认知。

在精准教学模式中，我们确定了五个学习条件，分别是：

1. 建立规章 / 程序。

2. 重在遵纪守章。

3. 鼓励学生参与。

4. 建立良好关系。

5. 寄予学习期望。

这些学习条件或**先决条件**都基于认知心理学理论中的心理状态，学生“必须具备或已经获得，才能产生有效的学习”（Marzano, Toth,et al., 2015）。这些心理状态包括安全感和秩序感、接纳度、注意力以及效能感和成就感。这些心理状态与精准教学模式中的学习条件之间存在着直接联系。

要点五：运用形成性评估数据做教学决策

我们生活在一个数据时代。利用电子的收集、汇总和传播功能，我们很 18
容易获取各种数据。精准教学模式关注教师使用数据的方式，并鼓励个性化应用，通过数据来反思教学实践并采取行动改进（参见图 1.9）。因为，教师可以由此观察到教学实践和教学策略对学生学习的影响，了解每个学生的学习状态和进步空间，并调整自己的教学，最大程度地满足每个学生的独特需求。

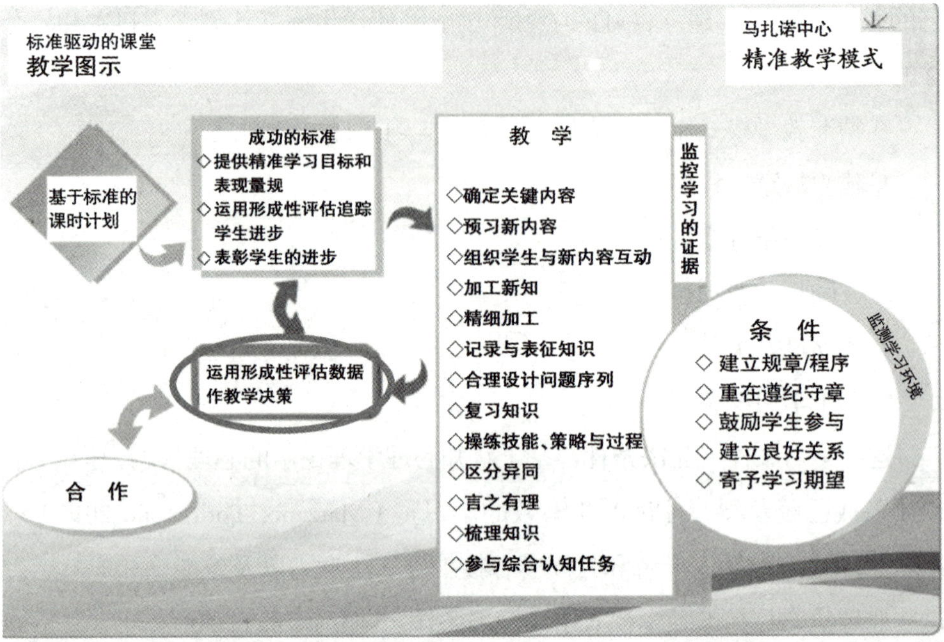

图 1.9　精准教学模式运用形成性评估数据作教学决策

为此，教师需要利用课程中获取的学习证据——形成性评估结果、学生作品和学习逸事记录。将学生的行为、言语、制作或书写的学习证据利用起来，就可以推断出他们的理解、认识、感受或想法。[①]

课程结束时的数据总结或大型考试、长周期的评估之后的数据总结都具有一定的价值。但是也要明确这些数据是评价过往学习的滞后数据，而不能代表当前的学习数据。当教师获得学生的学习数据时，学生已经在继续学习了。因此，监测前导性或形成性数据具有更直接的价值，教师可以在第二天甚至下一分钟就立刻采取相应的行动。如果教师开始使用以每分钟为单位进行监测的前导性数据来追踪学生在精准学习中进步的标准，这些前导性数据会逐渐地取代那些滞后数据。

数据收集和反馈是精准教学模式各要点中不可或缺的一部分，因为教学

① 参见 Patrick Griffin，“The comfort of competence and the uncertainty of assessment”，2007。

模式是一个依次促进的循环圈。针对形成性评估数据，教师会在反思中提出以下这样的问题：

◇我的学生知道了什么？

◇教学策略如何更有效？

◇课堂讨论中通常的回应率有多少？

◇有多少学生达到目标？有多少男孩？有多少女孩？

◇哪种策略取得了更好的效果？

◇学生的错误有哪些类型？有多少人第 6 题做错了？

◇小组学习活动该怎么组织？

◇我是怎么知道谁知道了什么？ 19

◇哪些学生的数据信息我可以用作学习的证据？

教师每天收集和反思数据，得到形成性数据，这样进行下一步教学才是真实和有力的。收集数据是获得良好的学生反馈的一种方式，并且基于数据对课堂进行规划又可以继续得到数据，形成反馈，这是不断循环的。通过反馈，教师可以采取行动纠正误解，提供清晰解释，并拓展学生的学习。教师推进教学也要不断回顾，改变教学策略或坚持原有的路线，这些都是基于学生的学习证据而调整的。所以说，教学决策的制定是以数据作为驱动的。

要点六：合作

在精准教学模式中合作要素不是一个单独的组成部分，而是其他要素赖以生存的重要介质（参见图 1.10）。高度协作的学校社区发现，在这种协作的环境中，精准教学模式的其他五个要素的实施能够得到切实的和可持续的保证。因此，教师和管理者认为，合作模式的结构和实践是推动精准教学模 20
式的最重要的驱动力。

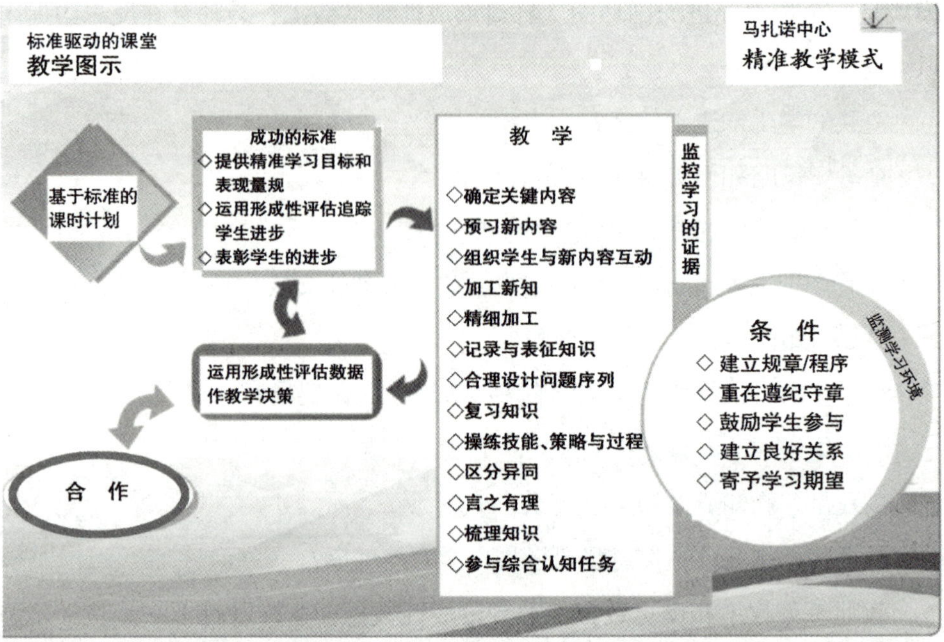

图 1.10 精准教学模式中的合作要素

合作模式不仅仅能帮助教师个体减轻负担，而且从合作中的多个视角也有助于促成更深刻的理解。本书的第四章将详细讨论合作模式。共同协作为多数教师创造了更多的机会进行更深层次的教学规划和反思，还有助于确保整个学校达到目标一致性的标准——这是管理者乐意看到的。当然，学校的领导也需要制定合作模式的相关框架结构和规范。

合作中，共同的教学计划以及学习评估数据的审查，长期以来一直是专业学习共同体（professional learning community，PLC）的主要部分，但精准教学模式将合作提高到一个新的水平。在精准教学模式中，专业学习共同体紧紧围绕创建基于标准的绩效等级和学习目标，并将其用作针对课程和单元教学计划的驱动因素。借助学生分享学习的证据，教师可以再次返回专业学习共同体的教学计划时间（理想中是每周的），同时评估如何调整课程以帮助更多的学生达到学习目标。

结论

实施精准教学模式的地区经常发现，这样的教学基本愿景和对精准目标的重视会产生深远的影响。精准教学模式促进的不仅仅是学生和教师的思维改变，还影响了学校董事会成员、家长和学习共同体的理念。校长和教师表示，精准教学模式的实施重新激发了学生对学习的热爱。

明尼苏达州的普林斯顿校区校长茱莉娅·埃斯佩（Julia Espe）评价说，已经在整个学区实施了这个模式，并且效果出众。她认为，精准教学模式对于帮助教师在普林斯顿课堂进行标准驱动的教学至关重要。“我曾经在许多地区参加过很多教学项目，在我的整个教学生涯中从未看到过今年我校进行的精准教学模式取得的如此惊人的进步，这种变化是难以置信的。”

使整个学校或地区在理解教师的课堂教学和学生的学习方面进行方式的转变需要勇气、对成长所保持的开放性和坚持不懈的努力。在本书的第二章，我们将深入研究教师如何使用基于标准的规划来推动课堂的精准教学。

第二章　基于标准的课时计划

本章旨在为读者介绍基于标准的课时计划。制订基于标准的课时计划和评 23
估手段是教师教学实践的重大转变。你会发现自己开始以新的视角来接近最初的教学计划，因此重点应该放在明确标准的意图和学生预期的学习成果上。

正如之前提到的，这里的讨论是为了给你一个大图景。精准教学模式系列中的相关书籍将会更深入地带你解析细节。请常记在心，学习规划高效的基于标准的课程是一个需要坚持不懈和承担的过程，也是对学习机制深入思考的过程。然而，这样规划的效果是不可估量的。许多与我们合作的教师反馈说，当他们深入到这个过程中时，又重新找回了“教学的快乐”。

国家标准定义了学生必须知道和能够做的事情，并且确保与学生的学习期望具有一致性，不仅在不同年级水平上，而且在各学校、各地区等不同情况中都一样。基于标准的课时计划依照标准评估学生的进步，是教师帮助学生取得成功的关键一步。

以下步骤展示了基于标准的课时计划整体工作原理：

1. 教师首先确定基本要求和根据年级分层的辅助标准。
2. 教师将标准分类组合。
3. 教师分解标准，充分理解标准的意图和深度。
4. 教师用已拆分的标准来创建学习目标。① 24
5. 教师将学习目标排序，创建一个基于标准的表现量规。
6. 教师规划如何获得学生学习的证据，并做评估。
7. 教师将目标适当安排在课时中。
8. 教师规划教学。

通常，不同地区课程教学管理部门负责前两个步骤，后六个步骤由教师自己负责。基于标准的表现量规促进教学计划和学生学习证据的审查。图 2.1 说明了该过程。

① 有关逐步指导编制学习目标和表现量规，请参见 *Creating & Using Learning Targets & Performance Scales*（Moore，Garst，& Marzano，2015）。

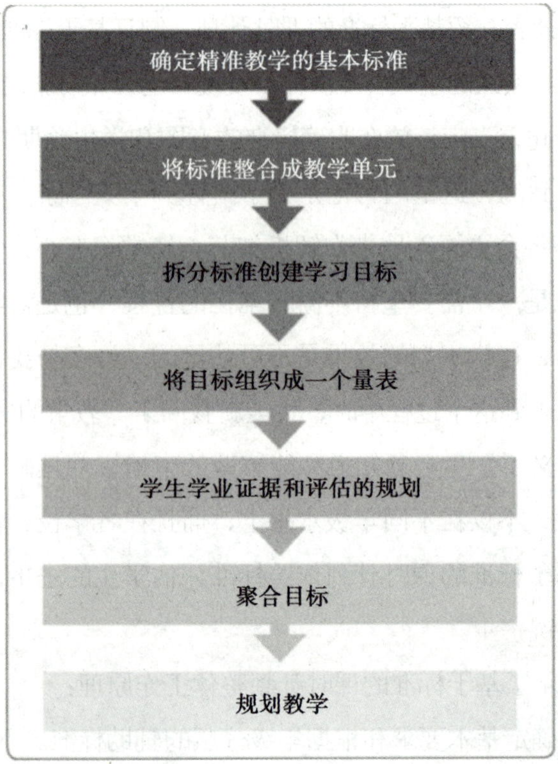

图 2.1　基于标准的规划过程

25 在许多方面，这个计划模式对于教师而言将是一个巨大转变。与我们一起工作的许多教师，曾经都是从教学活动入手规划课程，而不是从教学的标准进行规划。许多有经验的教师总喜欢使用多年来一直在做的课堂活动、推荐的书籍、不变的课时计划和工作表。因此，以一个全新的角度来实施课时和单元的规划是很困难的。但是，如果我们想要确保学生达到新标准中精准的要求，掌握必要的技能和知识，那么这一转变是至关重要的。

如果我们对学生的学习期望是能够在现实世界中精准、独立地应用所学知识，那么教师就需要计划教学，帮助学生实现这些目标。这是基于标准的课时计划的根本原因，也是进行基于标准的课时计划转变的开始。之前，教师总是以一项活动、一本最喜爱的小说、一个假期或一组资源作为课时计划的第一步，再来寻找相对应、相一致的课程标准。如今，基于标准的课时计划从标准的结构开始，充分理解课程标准的分类，与教学任务进行对应，以确保教学任务与课程标准的认知需求相一致。

当然，美国大多数州都有一段时间内执行的课程标准，有些甚至已经明确规定了精准的教学标准。但教师却很少使用这些标准来直接规划课时，而是经常依赖课程大纲和其他一些教学资源进行课时计划，这时他们都理所应当地假设这些资源在教学目标上具有一致性。但事实上，在许多真实的情境中，这些资源和课程的标准并不能保持一致性。逐章讲解数学教科书并不利于达到课程标准真正的要求，即培养学生独立的创造性和批判性思维。教师应该学会将教科书和其他资源作为支持重点教学内容的有用**工具**，而不是作为教学的**重点**。

佛罗里达州博卡拉顿市卡鲁萨小学的一名教师描述了自己和同事们在课时计划方面突破的经历：“几年前，我们从不会深入地去思考课时计划，有时仅仅写一个简单的上课计划就了事了。但是今年我们把这些量表放在一起，以确保满足我们学校每个学生的需求，并使学生自己对自己负责，这才是重要的。学生拥有学习自主权，而不只是‘好，我必须回答一个谁、什么事、
什么时候、在哪里、为什么之类的问题’。现在让学生做推理和做其他事情， 26
并以新的方式把任务组合在一起，都是很有挑战性的。有时让学生和父母进行更深入的讨论。父母会说：‘哇，这样做真是了不起。’我们已经从让学生做书面作业转向学生自主深入思考，现在他们很有成就感。对于我来说，这是一次彻头彻尾的转变。”

仔细研究并使用标准做课时计划时，会发现之前的教师有时教得太多，有时又教得很不够。一位高中化学教师说起教学时认为自己教得太多了，没有给予学生消化和应用所学知识的机会，学生也就没有机会发展批判性思维。“我们的团队一直专注于标准，同时一直问自己：学生到底需要学什么？我们如何制定目标来达到特定的标准：如何用学生能接受的语言来讲授知识？我们的讨论围绕着什么？关键内容是什么？毕竟我们教的学生参差不齐。”

确定精准教学的基本标准

核心概念：确定基本标准与辅助标准

◇问：在各个年级的学习中，标准是先决条件吗？

◇问：标准适用于多个学科领域吗？

◇问：是否由标准化的评估体系来测量？

◇问：学生需要知道学习成功的标准吗？

要成功地掌握由标准驱动的课时计划，首先的两个关键步骤是确定基本标准是什么以及如何进行分类。请记住，标准不会**单独出现**。在大多数情境中，基本标准和辅助标准紧密相连，相互交织。所以前面的这四个问题将帮助你确定哪些标准是基本的，哪些标准是辅助性的。

27 同时，大多数州和地区都会对共同教学的标准提供相应的资源和建议。

将标准整合成教学单元

核心概念：共同测试的标准应共同进行教学

一旦确定了教学标准，下一步就是将教学标准整合成教学单元，使教学标准环环相扣。想要确定哪些标准将被分在一起，一种方法是看哪些标准在促进学习上依赖于彼此。你经常会发现某些标准自然地相互关联，不能孤立地用于教学。另一种方法就是观察对每个标准的测试。换句话说，如果知道哪些标准在一起进行测试，那么就能很好地了解哪些标准可以在一起教学。我们将这些标准称为“测量性主题”（measurement topics）。在课时计划中，围绕测量性主题和辅助性标准，创建不同的教学单元，这是一个绝佳的方式。

将标准整合成教学单元的建议

1. 不要孤立地教授课程的标准。尝试规划如何用一整年的时间来教授课程的标准，如归类到适当的测量性主题，并在标准的层面上规划单元教学。一个常见的错误做法是逐一地教授课程的标准，给予每一个标准同样的重视。这是没有必要的，应该尽可能整合标准，并将标准融入在课程和单元教学中。

2. 确定基本标准，并与辅助性标准一起进行整合。明白哪些标准能支持别的标准。学生通常需要在学习基本标准之前先学习辅助性标准，这是一个循序渐进的过程。如果不去教这些辅助性标准，可能会在无意中造成学生在学习过程中的差距。

3. 使用规范测试的状态来帮助确定测量性主题。这并不是“测试导 28
向教学”，而是利用别人的想法来组织你的教学。请记住，评估的目的是确定标准是否已被教导和学习。测试的规范可以帮助了解具体标准的重要性和关系。

拆分标准创建学习目标

核心概念：检查动词和学生行为

一旦将标准分类整合在单元中，下一步就是拆分标准，以创建学习目标。拆分标准，首先用相关的知识寻找动词；组合这些动词以决定学生的行为。每个动词和与之相关的学生动作便可回答一个简单的问题，比如：“是什么？”在表 2.1 中，动词是**“比较”**，相关知识是学生预期要进行比较的内容。

> 定义：学习目标（learning target）是一个简短的描述性短语，包括一个动词、学生行为、学生必须理解的基本知识和技能的细节以及表现出对学术标准的理解。

29 表 2.1　小学英语语言文学标准示例——拆分动词和学生行为

学术标准	动词	学习目标 动词（学生行为）+ 知识
《共同核心国家标准》，小学英语语言文学－读写能力（CCSS.ELA-Literacy.RI.4.6）： 比较和对比同一事件或主题的第一手和第二手描述；描述重点的差异和所提供信息的差异	比较	◇比较相同事件或主题的第一手和第二手描述的相似之处
	对比	◇对比相同事件或主题的第一手和第二手描述之间的差异
	描述	◇描述重点的差异 ◇描述所提供信息的差异

在表 2.2 中，动词是理解、展示和解释，随之的目标就是要求学生理解、展示和解释什么样的知识。

表 2.2　中学数学标准示例——拆分动词和学生行为

学术标准	动词	学习目标 动词（学生行为）+ 知识
《共同核心国家标准》(CCSS.MA.7.NS.1.B)(数学七年级)： 理解“$p+q$”指（数轴上）与 p 点的距离为 $\|q\|$ 的点表示的数，其在 p 点的正方向还是负方向取决于 q 的正负号。展示出一个数字和它的相反数的和为 0（是加法逆运算）。通过描述现实世界中的情境解释有理数的和	理解	◇理解两个有理数的和，相当于求第一个加数的正或负的距离上的数
	展示	◇展示一个数字与它的相反数的和为 0，定义为加法逆运算
	解释	◇通过描述现实世界中的情境来解释有理数的和

一旦确定了促成学生行为的动词和知识内容，并能够将它们有机地组合 30 起来，学习目标也就形成了。一个学习目标的确定代表了基于标准的学习开始了。

突破标准，创建学习目标绝非易事。教师在制定目标时，总会遇到一些问题。例如，教师可能达不到标准。在这种情况下，教师无法把标准分解成大量的学习目标；而标准的要求方方面面，单靠学生自己吸收也是不可能的。所以，非常有必要将标准分解成学生可消化的单元学习目标。在表 2.3 中，学习目标定得很大，这样的标准使学生难以理解，难以掌握。如果学生错失这些重要的学习目标，他们也必将难以达到这些标准。

表 2.3　小学英语语言文学中无法达标的学习目标的举例

学术标准	未达标的学习目标
《共同核心国家标准》，小学英语语言文学－读写能力（CCSS.ELA-Literacy. RI.4.6）： 比较和对比同一事件或主题的第一手和第二手描述；描述重点的差异和所提供信息的差异	◇比较和对比同一事件或主题的第一手和第二手描述 ◇描述重点的差异和所提供信息的差异

有时教师还会犯的另一个错误是将标准“过多”地分解成许多小目标(参见表 2.4 ）。当完整的标准被分解成过多的学生需要掌握的必要知识时，难免就会有所遗漏。“理解两个有理数加法的运算”是学生学习的一个目标。如果分开理解“数字位于距第一个加数位置或正或负的距离”这个概念的掌握是另一个目标，那么就有可能错失完整的学习。所以需要牢记：你所做的是汇编知识，不仅要帮助学生掌握标准，而且要帮助他们了解整个世界。

31 表 2.4　数学中过多学习目标的举例

学术标准	过多的学习目标
《共同核心国家标准》（CCSS.MA.7.NS.1.B）（数学七年级）： 理解"$p+q$"指（数轴上）与 p 点的距离为 $\|q\|$ 的点表示的数，其在 p 点的正方向还是负方向取决于 q 的正负号。展示出一个数字和它的相反数的和为 0（是加法逆运算）。通过描述现实世界中的情境解释有理数的和	◇理解两个有理数加法的和 ◇展示一个数字和它的相反数的和为 0 ◇解释有理数的总和 ◇描述现实世界的情境

拆分标准的建议

1. 在拆分标准的时候，请明确不仅关注了标准中的动词，而且还要关注与动词同时出现的共同构成学生行为的知识，即学生应分析、描述、比较和对比哪些知识？

2. 不要降低标准。记住：你正在创建基础的小步骤来帮助学生达到标准。

3. 但也不要分得太细！标准过多地被拆分可能会导致你和学生失去对整体的把握。标准决定学习成果。

将目标组织成一个量规

核心概念：分类学创造学习的进程

下一步是将拆分的学习目标组建成一个表现量规。**表现量规**（performance scale）是一个连续体，清晰地表述了与具体标准相关的知识和技能的不同层次。当表现量规按预期应用时，可以推动教学、活动、作业和评估等的开展。

32

> 定义：表现量规是一个连续体，清晰地表述了与具体标准相关的知识和技能的不同层次。

这时需要一个路线图，来指导你完成一整套课程或教学单元；或者一个教育性 GPS，引导你和学生，让你们知道此刻正处于一个什么位置，到旅行的目的地还有多远，以及前行时还要注意些什么。表现量规明确地体现了达到标准所需的**知识和技能的等级**，只要根据适当的学科分类等级进行整理组合，就可以引导整个学习进程。请注意，在马扎诺的分类学（参见图 2.2）中，确定了心理加工的四个层面，以辅助确定基于标准的学习进度。在第三章我们将更详细地讨论如何使用马扎诺分类学。

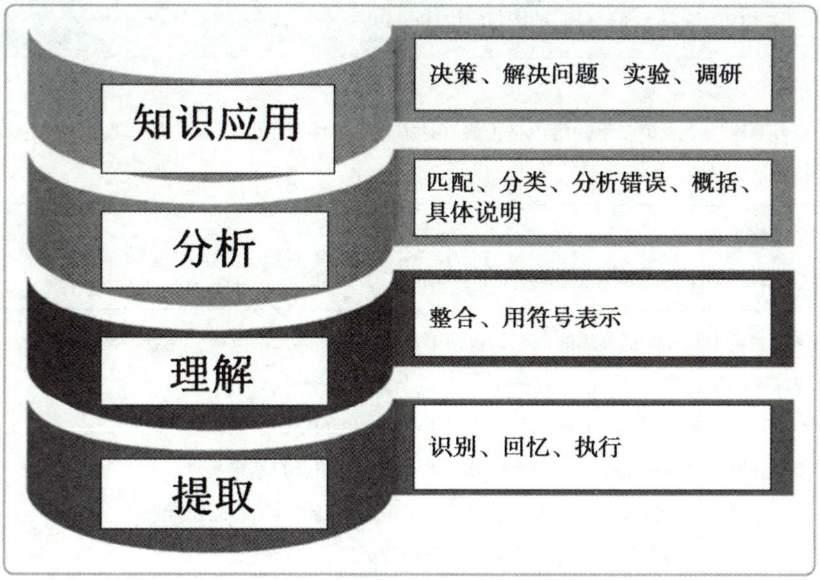

图 2.2　马扎诺分类学

表现量规将学习目标组织成有用的结构，使学生可以看到整个教学的目 33
标。在表 2.5 和表 2.6 的表现量规的例子中，你将注意到，这些量规直接从标准中导出了学习目标。量规中 3.0 等级的学习目标是标准在教育目标分类学中复杂性最高的等级。2.0 等级是基础学习目标，包含学术标准中并不总是明确规定的必备知识和学习进程，并明确指出标准在较低的思维认知水平的学习目标。4.0 等级的学习目标，需要一定程度的思维处理，并达到一定的认知水平，促使学生深入研究学术标准的内容，并拓展他们的学习。4.0 等级的目标要求学生达到比实际标准要求更高的思维认知等级。

表 2.5　基于两个或多个标准的小学英语语言文学教育目标分类等级的表现量规

小学英语语言文学	年级：四
《共同核心国家标准》，小学英语语言文学－读写能力（CCSS.ELA-Literacy.RI.4.6）：比较和对比同一事件或主题的第一手和第二手描述；描述重点的差异和所提供信息的差异 《共同核心国家标准》，小学英语语言文学－读写能力（CCSS.ELA-Literacy.RI.4.9）：整合同一主题两个文本中的信息，条理分明地撰写或讲述该主题	
4.0	学生将能够： ◇判断第一手或第二手的表达是否最好地描述了事件或主题，运用各种理由、限定词来支持和证明结论
3.0	学生将能够： ◇比较和对比同一事件或主题的第一手和第二手的描述
2.0	学生将会识别和回忆具体的词汇，包括第一手资料、第二手资料、观点、整合。 学生将能够： ◇描述同一事件或主题的第一手和第二手资料之间的相似之处 ◇描述同一事件或主题的第一手和第二手资料中关注点的差异 ◇描述在同一事件或主题的第一手和第二手资料中提供的信息的差异 ◇描述文本是否为事件或主题的第一手资料或第二手资料 ◇描述同一事件或主题的第一手和第二手资料的关注点（立场、作者观点等） ◇描述同一主题的两个文本信息，以便条理分明地撰写或讲述该主题
1.0	通过帮助，较为成功地完成 2.0 和 3.0 等级的内容
0.0	即使通过帮助，也没有成功

表 2.6　基于两个或多个标准的中学数学教育目标分类等级的表现量规

<table>
<tr><td colspan="2">中学数学　　年级：七

《共同核心国家标准》（CCSS.MA.7.NS.1.A）：描述两个相反数相加得 0 的情况。例如，氢原子有 0 个电荷，因为它的两个组成成分带相反的电荷

《共同核心国家标准》（CCSS.MA.7.NS.1.B）：指（数轴上）与 p 点的距离为 $|q|$ 的点表示的数，其在 p 点的正方向还是负方向取决于 q 的正负号。展示出一个数字和它的相反数的和为 0（是加法逆运算）。通过描述现实世界中的情境解释有理数的和

《共同核心国家标准》（CCSS.MA.7.NS.1.C）：理解有理数的减法，即加上相反数，“$p-q=p+(-q)$”。表明数轴上两个有理数之间的距离是其差的绝对值，并将其应用于现实世界中

《共同核心国家标准》（CCSS.MA.7.NS.1.D）：应用运算性质作为有理数加法和减法的策略</td></tr>
<tr><td>4.0</td><td>学生将能够：
◇创造现实世界中需要加上和减去有理数的问题</td></tr>
<tr><td>3.0</td><td>学生将能够：
◇通过描述现实世界情境来解释有理数的和
◇应用运算性质作为有理数加法和减法的策略
◇应用现实世界中的原理，即数轴上两个有理数之间的距离是其差的绝对值</td></tr>
<tr><td>2.0</td><td>学生将会识别和回忆具体的词汇，如加法逆运算
学生将能够：
◇展示一个数字与其相反数的和为 0（即加法逆运算）
◇展示数轴上两个有理数之间的距离是其差的绝对值
◇将运算性质的描述作为加上和减去有理数的方法
◇描述互为相反数的两个数相加得 0 的情况
◇理解“$p+q$”指（数轴上）与 p 点的距离为 $|q|$ 的点表示的数，其在 p 点的正方向还是负方向取决于 q 的正负号
◇理解有理数的减法，即加上相反数，“$p-q=p+(-q)$”</td></tr>
<tr><td>1.0</td><td>通过帮助，较为成功地完成 2.0 和 3.0 等级的内容</td></tr>
<tr><td>0.0</td><td>即使通过帮助，也没有成功</td></tr>
</table>

你可以应用这个学习步骤来确定教学目标的顺序。如深入了解编制基于标准的学习目标和表现量规，请参阅《编制与使用学习目标和表现量规》（*Creating & Using Learning Targets & Performance Scales*，Moore et al.，2015）。

36

将目标组织生成表现量规的建议

1. 应使用动词和教育目标分类学一起来确定正确的学习进程。

2. 在创建基本或基础的学习目标的整个过程中应进行仔细的思考，确保学习的目标符合标准的要求。

3. 注意：许多教师错误地将整个标准放在量规的一个等级上（例如 3.0 等级）。但是标准也包含教育目标分类较低的级别，可能应该更准确地放在 2.0 等级。再一次根据教育目标分类学反复检查量规。例如，如果标准要求学生进行“描述”的，通常应放在 2.0 等级。

学生学业证据和评估的规划

核心概念：表现量规驱动评估。教学前的评估规划将会帮助你明确教学期望

评估规划是课时计划中的关键一步。评估能够衡量学生是否达到学习目标。评估规划可以帮助你明确教学期望，即明确学生应该理解或能够做的事情，以及学生将如何展示所学知识。需要什么证据才能知道学生已经达到了学习目标？评估的前期规划将有助于重视所需要的学习和关注已经发生的学业证据。

教师应用学习目标及教育目标分类学来规划评估。请记住：评估的问题或业绩任务必须符合学习目标的精准等级要求——学生的自主性和认知的复杂性。评估应贯穿教学单元的全过程，并指导教学。评估方式不仅限于考试或测验。非正式评估可以提供更有用和更及时的学生的学习信息。

如表 2.7 和表 2.8 所示，我们从标准开始，将标准拆分为学习目标，确定教育目标分类等级，生成学生证据。在生成学生证据之后，需要对整个过程质疑：学生的学习证据是否符合教育目标分类、学习目标以及标准的要求？ 37

表 2.7 学习目标、教育目标分类等级和学生证据与小学英语语言文学课程标准一致性的示例

标准	学习目标	教育目标分类等级	不同学习目标等级中的学生证据
《共同核心国家标准》，小学英语语言文学－读写能力（CCSS.ELA-Literacy.RI.4.6）：比较和对比同一事件或主题的第一手和第二手描述；描述重点的差异和所提供信息的差异	判断第一手或第二手的表达是否最好地描述了事件或主题，运用各种理由、限定词来支持和证明结论	知识应用：决策	学生判断哪种表达最好地描述了事件或主题，运用各种理由和限定词来支持证明结论
	比较和对比同一事件或主题的第一手和第二手的描述	分析：匹配	学生准确评估和分析同一事件或主题不同描述的相似点和差异
	总结同一事件或主题的第一手和第二手的描述中的关注点和信息	理解：整合	学生准确地依次总结第一手和第二手的描述中的关注点和信息
	识别文本是否为第一手或第二手的描述	提取：识别	学生准确地突出展示关键词或短语，指出写文本的人是否参与此事件
	确认同一事件或主题的第一手和第二手的描述中的关注点（立场、作者观点等）	提取：回忆	学生通过言语（口头或书面）准确地确认文本的关注点或观点
《共同核心国家标准》，小学英语语言文学－读写能力（CCSS.ELA-Literacy.RI.4.9）：整合同一主题两个文本的信息，以便条理分明地撰写或讲述该主题	整合同一主题两个文本的信息，以便条理分明地撰写或讲述该主题	理解：整合	学生准确地将同一主题两个文本中最重要的观点和细节整合在一起

表 2.8　学习目标、教育目标分类等级和学习证据与中学数学课程标准一致性示例

38

标准	学习目标	教育目标分类等级	不同学习目标等级中的学生证据
《共同核心国家标准》（CCSS.MA.7.NS.1.A）：描述互为相反数的两个数相加得 0 的情况。例如，氢原子有 0 个电荷，因为它的两个组成成分带相反的电荷	描述相反数相加得 0 的情况	理解：整合	学生准确描述两个相反数相加得 0 的情况
《共同核心国家标准》（CCSS.MA.7.NS.1.B）：理解“$p+q$”指（数轴上）与 p 点的距离为 $\|q\|$ 的点表示的数，其在 p 点的正 39 方向还是负方向取决于 q 的正负号。展示出一个数字和它的相反数的和为 0（是加法逆运算）。通过描述现实世界中的情境解释有理数的和	通过描述现实世界中的情境解释有理数的和	分析：概括	学生准确解释现实世界情境中有理数之和的意义
	理解“$p+q$”指（数轴上）与 p 点的距离为 $\|q\|$ 的点表示的数，其在 p 点的正方向还是负方向取决于 q 的正负号	理解：整合	学生能够准确解释有理数（加数）之和为距第一个加数或正或负的距离。当加数为正时，方向为正；加数为负时，方向为负
	展示出一个数字和它的相反数的和为 0（是加法逆运算）	提取：运算	学生能够准确演示一个数字和它的相反数的和为 0，即加法逆运算

（续表）

标准	学习目标	教育目标分类等级	不同学习目标等级中的学生证据
《共同核心国家标准》（CCSS.MA.7.NS.1.C）：理解有理数的减法，即加上相反数，“$p-q=p+(-q)$”，表明数轴上两个有理数之间的距离是它们差的绝对值，并将其应用于现实世界中	应用现实世界中的原理，即数轴上两个有理数之间的距离是其差的绝对值	分析：概括	学生能够准确联系和应用现实世界中的原理，即数轴上两个有理数之间的距离是它们的差的绝对值
	理解有理数的减法，即加上相反数，“$p-q=p+(-q)$”	理解：整合	学生能够准确描述有理数的减法是如何等同于加上一个相反数的
	展示数轴上两个有理数之间的距离是其差的绝对值	理解：用符号表示	学生能够运用数轴准确表示两个有理数之间的距离是它们差的绝对值
《共同核心国家标准》（CCSS.MA.7.NS.1.D）：应用运算属性作为有理数加法和减法的方法	创造现实世界中需要加上和减去有理数的问题	知识应用：解决问题	学生能够准确解释和判断创建现实世界问题中使用的依据
	应用运算的性质作为有理数加法和减法的方法	分析：概括	学生能够准确联系和应用运算的性质作为有理数加法和减法的方法
	将运算性质描述为加上和减去有理数的方法	理解：整合	学生能够准确描述运算性质，并作为有理数加法和减法的方法

对规划学生学业证据和评估的建议

1. 使用教育目标分类法。不同的成果或业绩与不同的教育目标分类等级紧密相关。根据评估目标的教育目标分类等级来评估学生的学习。

2. 规划学生的自主权。重要的是，当评估学生是否达到了预期成果时，不要给予学生过多的支持。

结论

本章介绍了在标准驱动的课堂中如何制定基于标准的教学规划。制定准确的基于标准的表现量规和规划，并与课程和评估保持一致性的教师技能不可能一蹴而就。事实上，创造和凝练量规可能是一个三年的过程。所有的标准都不是等同的，学生的需求会随着教师带的每一个新班级而发生变化。使用标准来制定表现量规、教学和评估时并没有固定模式。要从尝试和错误中体验：哪些有用？哪些没用？哪些时候学生似乎容易达到什么样的目标，而错失另外一些目标？为什么？或者教学目标的最佳组织和步骤该是什么样的，才能达到标准？表现量规、评估和教学的有效性将在尝试和体验中逐渐显现出来。

教师在拆分标准、提炼元素以及理解哪些基础知识能够最好地实现目标时遇到的问题是最大的障碍。教师有时告诉我们，他们希望所在的州或者地区会制定和公布他们所需要的表现量规，因为制定表现量规是具有挑战性的，也相当耗时。只有对标准深入理解才能领悟学习是怎样发生的，知识是如何积累起来的，才会清楚地知道学生应该学习什么，以及如何帮助他们学习。

在基于标准的规划过程中，教师得到了所在学校和地区的支持，也会想要创建自己的表现量规，不想失去学习的机会。这些教师知道，课堂中教师提供的学习是学生将一直保留多年并不断应用的学习，也是走上成功的必由之路。

在第三章，我们将讨论基于标准的规划过程中的最后两个步骤：目标聚合与教学规划。这两个步骤将辅助教学向精准进行转型。但首先，我们需要界定精准的概念：什么是精准，为什么需要精准，如何知道何时我们已经达到了精准。

第三章　精准教学和学习之路

什么是精准?

标准驱动的课堂中，学生将会表现出精准的学习和思考。什么是精准?许多地区都提出了关于精准的定义，但是很多教育工作者仍然在实践中努力地探索精准这一概念。

在本书第一章，从课堂观察中收集到的数据表明，大部分被测课堂都以讲授为主，辅以练习和复习。经过进一步观察，这些数据来源的学校和地区都曾经接受过关于教学要求标准和教学改革方面提供的培训和支持。

我们与美国各地的教师和校长的谈话也证实了这一观点。正如我们课堂观察的一样，几乎没有教师持续性地关注学生教育目标分类上高层次的需求，或定期地规划课程来要求学生运用知识分析复杂的学习任务。然而正是这样做才能真正地达到教学上的“精准”，也就是达到高度的自主性和高水平的认知复杂性的融合。

因此，对精准定义的描述有两个组成部分：复杂性和自主性。复杂性是指本书第二章提到的马扎诺的教育目标分类学中的认知负荷标准，有四个层次：知识应用、分析、理解、提取。正如在第一章所讨论的，学生的自主性也包括四个层次。大多数教学处在低水平的复杂性和自主性层面，而大多数的教学新标准要求两者都达到高水平。如前所述，标准的要求和实际的教学实践之间仍然存在着差距（参见图 3.1）。

44

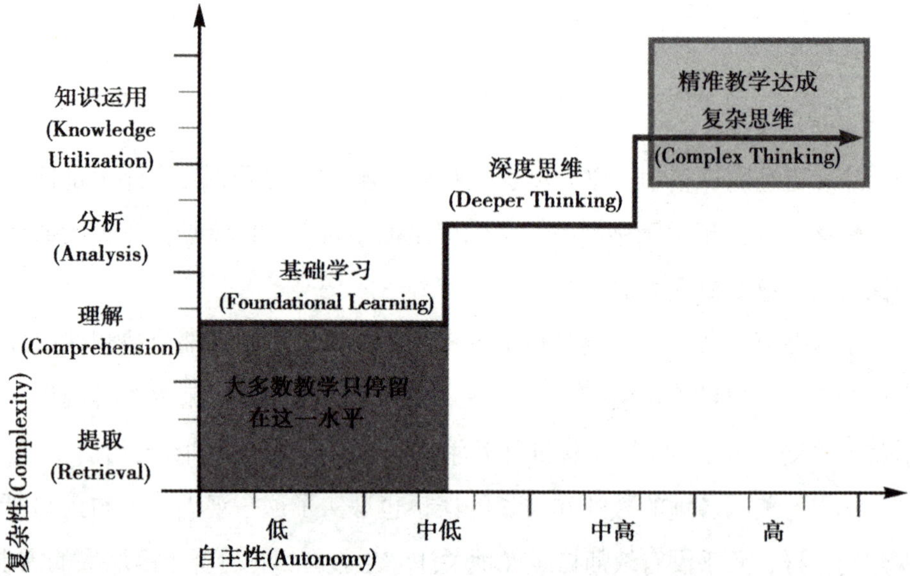

图 3.1　21 世纪课堂的精准教学

运用马扎诺教育目标分类学（复杂性）

复杂性（Complexity，亦译综合性）是精准的两个重要的特征之一。简单地说，它指的是学生期望参与任务时应该达到的认知要求。要确定任务的设计是否符合复杂性的要求，首先应该使用特定类型的教育目标分类学来指导教学决策，可能会有许多目标分类学来供以选择。如布卢姆的教学目标分类学（Bloom's taxonomy）或深度学习分类学 [Depth of Knowledge（DOK）taxonomy]。本书参照的是由马扎诺设计的教育目标分类学（Marzano & Kendall，2007）。简而言之，教育目标分类学有两个维度：一个涉及任务本身的复杂程度，另一个涉及嵌入在任务中的知识内容的类型。按照复杂程度由高到低，分别是知识应用、分析、理解和提取。每个级别都涉及多层次的认知过程，例如提取（最低级别）包括知识的识别、回忆和执行。

这里介绍两种类型的知识：陈述性知识和过程性知识。**陈述性知识**是信息化的，在复杂性方面有其自身的层次结构，最低等级是针对特定主题的重

要术语和短语，再高一个等级是针对特定主题的重要细节，最高等级是针对 45
特定主题的重要概括，形成原理和概念。给定任务的复杂性由任务本身的认知复杂性和任务中陈述性知识的复杂性共同决定。因此，关注一个重要原理的记忆任务可能比关注细节的理解任务更困难。

过程性知识也出现了同样的现象，其中包括智力处理过程和心理活动过程。这两种类型的过程性知识都有其内在的层次结构，这里我们只考虑智力处理过程。过程性知识的最低层次只有单一的规则。拼写规则就是智力处理过程的一个例子。高于这个层次的是算法和技巧（也被称为策略），例如如何进行减法运算和如何读取特定类型的地图。最高层次是大型程序（技术上称为宏过程），涉及许多单一规则、技巧和策略的交互。写说明文的过程可以被认为是一个宏过程。同样，涉及智力处理的学习任务，其复杂性是由认知的复杂性和智力处理过程的类型共同决定的。涉及宏过程的学习任务可能比侧重于单个规则的分析任务更复杂。

实际上，设计不同复杂程度的任务需要你深入思考学生的学习内容以及嵌入到任务中的知识类型。

支持课堂中自主性发展

思考一下自己的课程，课堂上的大部分活动是以教师为中心还是以学生为中心？虽然这是精准的一个方面，但是许多教育者经常会忽视这一点。为了达到真正的认知复杂性和自主性，教师需要逐渐将学习的责任转向学生，以达到标准的要求。

当学生有真正的学习自主性时，他们会重视反思和学习，主动学习得更多。他们的关注点也会从教学转向学习。因此，学习的责任必须从教师转向学生，这种转变取决于教师能否从教师支持学习转为学生同伴支持学习。只有这样，
学生才会真正地开展自我指导，掌控学习，并且知道什么时候达到了学习目 46
标，也清楚在遇到挫折时如何寻求帮助。

教师要真正成为教练和辅导者，而不是知识的持有者。作为一名教练，教师提供支持和指导，在学生学习偏离轨道时提供必要的帮助。作为辅导者，教师在学生遇到问题时提出指导性的建议，而不要直接给学生答案。这里有一个平衡点：教师要监控学习的情况。教师应该足够了解学生，并且知道什么时候如何给学生提供必要的支持和指导。

规划教学

为什么精准的目标对教学规划如此重要？在教学规划中，教育目标分类学是教师用于辅助学生学习的工具，从基础层面引入新内容，到帮助学生深化内容。最终，学生达到认知复杂性更高的层面。

本书第二章讨论如何将教学标准分解为学习目标，建立表现量规，并收集学生的学习证据。在这一章，我们向大家介绍表现量规的作用，教师不只是制定一个表现量规并将表现量规贴在教室里，那样就忽视了课堂中使用量规的基本价值，即表现量规驱动教学规划，促进教学，辅助安排评估的设计和时间。总之，精准教学模式为教师和学生绘制了达到精准目标的清晰路线。

将目标聚合于课时

核心概念：一组目标将形成课时计划

如果对学生的学业证据和评估已经做好了规划，那么下一步就是根据学习目标和计划有条不紊地教学了。对这些目标进行整合时，首先要寻找目标之间概念或主题的联系，我们通常称之为“线”。然后，考虑如何为学生编织这些学习内容的“线”，同时有意识地规划如何能够深入浅出地进行学习
47 指导。什么样的学习目标可以奠定基础？我们从表现量规中 2.0 等级的认知复杂性开始，结合先前的学习，建立对学术词汇的认知，然后逐渐地开展更高层次的学习。

精准教学模式中课时计划的另一重大转变可能是对单一课时的思考方式或可视化方式的转变。过去的教学看上去如同每天 50 分钟的一节数学课，只要在这段时间内例行公事地讲讲数学知识即可。但是在精准教学模式中，一节课并不是一大堆内容满满堆砌在一段时间内，因为课程可能需要一两天的时间。这就需要特定的教学目标，或目标群体来驱动你的课程了。

在表 3.1 和表 3.2 中，注意每门课程目标的表现量规和目标的聚合。课时目标有时只有一个，有时有一组。教师根据课程的认知需求和自主性作出教学决策。

表 3.1　小学英语语言文学的表现量规

小学英语语言文学　　年级：四	
《共同核心国家标准》，小学英语语言文学 – 读写能力（CCSS.ELA-Literacy.RI.4.6）： 比较和对比同一事件或主题的第一手和第二手资料；描述重点的差异和所提供信息的差异 《共同核心国家标准》，小学英语语言文学 – 读写能力（CCSS.ELA-Literacy.RI.4.9）： 整合同一主题两个文本的信息，以便条理分明地撰写或讲述该主题内容	
4.0	学生将能够： ◇判断第一手或第二手资料是否最好地描述了事件或主题，运用各种理由、限定词来支持和证明结论
3.0	学生将能够： ◇比较和对比同一事件或主题的第一手和第二手资料
2.0	学生将识别及回忆具体的词语，包括第一手资料、第二手资料、观点、整合 学生将能够： ◇总结同一事件或主题的第一手和第二手资料中的关注点和信息 ◇确认文本是某一事件或主题的第一手资料还是第二手资料 ◇确认同一事件或主题的第一手和第二手资料中的关注点（立场、作者观点等） ◇整合同一主题两个文本的信息，以便条理分明地撰写或讲述该主题内容
1.0	通过帮助，较为成功地完成 2.0 和 3.0 等级的内容
0.0	即使通过帮助，也没有成功

表 3.2　小学英语语言文学的学习目标

课时	学习目标
1	识别及回忆具体的词语，包括第一手资料、第二手资料
	确认文本是某一事件或主题的第一手资料还是第二手资料
	描述同一事件或主题的第一手和第二手资料之间的相似之处
2	识别及回忆具体的词语，包括观点
	确认同一事件或主题的第一手和第二手资料中的关注点（立场、作者观点等）
	总结同一事件或主题的第一手和第二手资料中的关注点和信息
3	识别及回忆具体的词语，包括整合
	整合同一主题的两个文本信息，以便条理分明地撰写或讲述该主题内容
	总结同一事件或主题的第一手和第二手资料中的关注点和信息
	比较和对比同一事件或主题的第一手和第二手资料
4	比较和对比同一事件或主题的第一手和第二手资料
5	判断第一手或第二手资料是否最好地描述了事件或主题，运用各种理由、限定词来支持和证明结

注意课时顺序的安排应从教育目标分类学的较低等级（表现量规中的 2.0 等级）到最高等级（表现量规中的 4.0 等级）依次构建。与此同时，教师应规划增加学生学习的自主性。

以小学英语语言文学课程为例。第 1 课的三个目标位于表现量规的 2.0 等级，但是我们仍然可以在课堂中看到从提取（识别、回忆、执行）到理解（描述）的知识建构。见表 3.3。

表 3.3　从知识提取到理解建构学习目标

课时	学习目标
1	识别及回忆具体的词语，包括第一手资料、第二手资料
	确认文本是某一事件或主题的第一手资料还是第二手资料
	描述同一事件或主题的第一手和第二手资料之间的相似之处

第 2 课继续延续相同的模式，但是知识脉络不一样。见表 3.4。

表 3.4　第 2 课运用了不同的知识脉络

课时	学习目标
2	学生将识别和回忆具体的词语，包括第一手资料、第二手资料、观点、整合。 学生将能够： ◇总结同一事件或主题的第一手和第二手资料中的关注点和信息 ◇确认文本是某一事件或主题的第一手资料还是第二手资料 ◇确认同一事件或主题的第一手和第二手资料中的关注点（立场、作者观点等） ◇整合同一主题两个文本的信息，以便条理分明地撰写或讲述该主题内容

第 3 课中，表现量规的 2.0 等级的学习目标要求：提取（识别、回忆）和理解（整合、总结）。此外第一次出现 3.0 等级的学习目标：分析（比较和对比）。见表 3.5。

表 3.5　第 3 课包含 2.0 等级的学习目标要求并出现 3.0 等级的学习目标

课时	学习目标
3	识别及回忆具体的词语，包括整合
	整合同一主题的两个文本信息，以便条理分明地撰写或讲述该主题内容
	总结同一事件或主题的第一手和第二手资料中的关注点和信息
	比较和对比同一事件或主题的第一手和第二手资料

第 4 课延续上一课关于分析能力的学习目标要求，并培养学生学习的自主性。见表 3.6。

表 3.6 第 4 课培养分析能力和学习自主性

课时	学习目标
4	比较和对比同一事件或主题的第一手和第二手资料

第 5 课带领学生进入表现量规的 4.0 等级，即认知分类中的知识应用等级（参见表 3.7）。这是学习的巩固阶段，从具体的个人学习目标到宏观的教育标准，涵盖了整个学习过程，以达到精准的目的。在这一等级，学生能够完全自主地学习。教师通过观察并收集表现量规中达到所有学习目标的学业证据。在这里应注意两点：第一，由于思维的复杂性，这一课可能需要超过 1 个课时的时间；第二，教师应细心地为认知等级的复杂性做好辅助支撑工作。这样学生在上这一课时就准备好了自主思考。 51

表 3.7 第 5 课达到教育目标分类学的 4.0 等级

课时	学习目标
5	判断第一手或第二手资料是否最好地描述了事件或主题，运用各种理由、限定词来支持和证明结论

在表 3.8 和表 3.9 中，你会看到中学数学的课时计划也具有相似的步骤。

表 3.8　中学数学的表现量规

<table>
<tr><td colspan="2">中学数学　　　　年级：七

《共同核心国家标准》，数学（CCSS.MA.7.NS.1.A）：描述互为相反数的两个数相加得 0 的情况。例如，氢原子有 0 个电荷，因为它的两个组成成分带相反的电荷

《共同核心国家标准》，数学（CCSS.MA.7.NS.1.B）：理解“$p+q$”指（数轴上）与 p 点的距离为 $|q|$ 的点表示的数，其在 p 点的正方向还是负方向取决于 q 的正负号。表明一个数字和它的相反数相加和为 0（是加法逆运算）。通过描述现实世界中的情境解释有理数的和

《共同核心国家标准》，数学（CCSS.MA.7.NS.1.C）：理解有理数的减法，即加上负数，$p-q=p+(-q)$。表明数轴上两个有理数之间的距离是它们差的绝对值，并将其应用于现实世界中

《共同核心国家标准》，数学（CCSS.MA.7.NS.1.D）：应用运算性质作为有理数加法和减法的方法</td></tr>
<tr><td>4.0</td><td>学生将能够：
◇创造现实世界中需要用加上和减去有理数来解决的问题</td></tr>
<tr><td>3.0</td><td>学生将能够：
◇通过描述现实世界中的情境来解释有理数的和
◇应用运算性质计算有理数的加法和减法
◇应用现实世界中的原理，即数轴上两个有理数之间的距离是它们差的绝对值</td></tr>
<tr><td>2.0</td><td>学生们将识别和回忆具体的词语：加法逆运算
学生将能够：
◇展示一个数字与它的相反数的和为 0（即加法逆运算）
◇展示数轴上两个有理数之间的距离是它们差的绝对值
◇将运算性质的描述作为加上和减去有理数的方法
◇描述相反数相加得 0 的情况
◇理解“$p+q$”指（数轴上）与 p 点的距离为 $|q|$ 的点表示的数，其在 p 点的正方向还是负方向取决于 q 的正负号
◇理解有理数的减法，即加上相反数，$p-q=p+(-q)$</td></tr>
<tr><td>1.0</td><td>通过帮助，较为成功地完成 2.0 和 3.0 等级的内容</td></tr>
<tr><td>0.0</td><td>即使通过帮助，也没有成功</td></tr>
</table>

52

表 3.9　中学数学的学习目标

课时	学习目标
1	◇识别和回忆具体的词语：加法逆运算 ◇展示一个数字与它的相反数的和为 0（即加法逆运算） ◇描述互为相反数的两个数相加得 0 的情况
2	◇展示数轴上两个有理数之间的距离是它们差的绝对值 ◇理解有理数的减法，即加上相反数，$p-q=p+(-q)$ ◇应用现实世界中的原理，即数轴上两个有理数之间的距离是它们差的绝对值
3	◇理解“$p+q$”指（数轴上）与 p 点的距离为 $\|q\|$ 的点表示的数，其在 p 点的正方向还是负方向取决于 q 的正负号 ◇通过描述现实世界中的情境来解释有理数的和
4	◇将运算性质的描述作为加上和减去有理数的方法 ◇应用运算性质计算有理数的加法和减法 ◇创造现实世界中需要用加上和减去有理数来解决的问题

目标聚合的建议

1. 一定要在表现量规内寻找学习的关联和学习线，共同构建和编织目标以达到标准的要求。2.0 等级的教学目标，最好与 3.0 等级的目标一起教学。有些教师错误地认为在进入 3.0 等级之前一定要完成 2.0 等级的所有基础目标，但事实并非如此，在一课之中努力完成两个目标是很有意义的。我们认识的一位校长在基础课上谈到“快速旅行”的好处不仅仅在于将基础课程教学要求提升到 3.0 等级，有时甚至可能达到 4.0 等级。

2. 不要跳过 4.0 等级。4.0 等级是学习的巩固阶段，在这个过程中学生能提取整个学习阶段中的关键内容，深化学习，并将知识迁移到其他领域。4.0 等级要求具备高度的自主性，以完成评估需要的各种表现任务。

3. 注意：目标聚合的过程中，表现量规中的等级和教育目标分类学中的等级有大量的交叉。为了进行区分，在提及表现量规的等级时使用数字（1.0—4.0 级）。在提及教育目标分类学的等级时，使用级别的名称（知识应用、分析、理解、提取）。

规划课时

核心概念：课堂活动，课堂策略，每课中满足学习目标的资源

一旦学习目标聚合到课程中，你就可以开始策划课堂策略、活动和各种资源，以达到预期的效果。

请记住，不要再围绕教科书中的某个活动或某一章节来规划整个课时，也不要“让学生先做点东西”，然后尝试将这些活动与标准保持一致。因为当我们开始整堂课的教学时，往往就达不到标准的要求。也许这样做会涉及标准的部分要求，但整体要求是无法达到的。本书中提到的标准正在驱动教学方式的改变，每一堂课都是为了满足一个或多个学习目标而设计的。通过

将标准拆分为学习目标，并与教育目标分类学相结合一起推动教学，教师将对学生达到标准要求的能力更有信心。 55

当你辅助学生学习时，你将从一些基本的活动或知识开始，根据学习目标构建一套学习的步骤。在这过程中，你可能会发现以前在课堂上经常用到的一些活动会减少，因为它们不再与教学目标相关，如果这些活动不支持你的目标，那它们又怎么会支持标准的要求呢？

将学习目标分解并绘制出来，会使教师和学生的学习之旅变得清晰透明。保持对标准的关注，教师教学会更有效率。这样的课堂就是标准驱动的课堂，标准决定了教学决策、教学活动、教学评估以及要求学生做的每项任务。

规划教学策略

核心概念：在每堂课中使用的教学策略将适用于课程标准中的目标或分类学中的目标

规划表现量规和聚合教学目标的主要目的是作出教学内容的决策。但是如何教才能达到这些目标呢？哪些教学策略最适用？要充分了解这些决策，我们需要关注精准教学模式中关键的教学策略。每个教学策略都有助于学生学习和展示学习内容。

对于每个标准，没有唯一正确的教学策略来应用或唯一的路径来遵循。在学习进程中我们需要使用各种教学策略，因此，应该知道什么是最适合学生的和学生所处的学习状态或阶段，并基于这些信息选择相应的教学策略。

精准教学模式中有 13 种教学策略，可以为学生参与复杂任务提供一条学习之路（参见图 3.2）。前六种教学策略通常用于基础性学习或导入新内容。这个阶段的学习在认知的复杂性方面等级往往较低，包括基本知识和步骤，

56 是复杂思维和认知的基础。接下来的六种教学策略最适用于深层学习的学习目标，这个阶段的学习会基于先前所学的内容，并使学生进行更深层次的思考，特别要求学生学会分析。在最后一种教学策略中，学生能够充分自主地进行批判性思考。这是知识应用等级，也是教育目标分类学中的最高级别。（关于在表现量规中确定目标分类学水平的全面探讨，请参见 Moore 等的专著，2015）

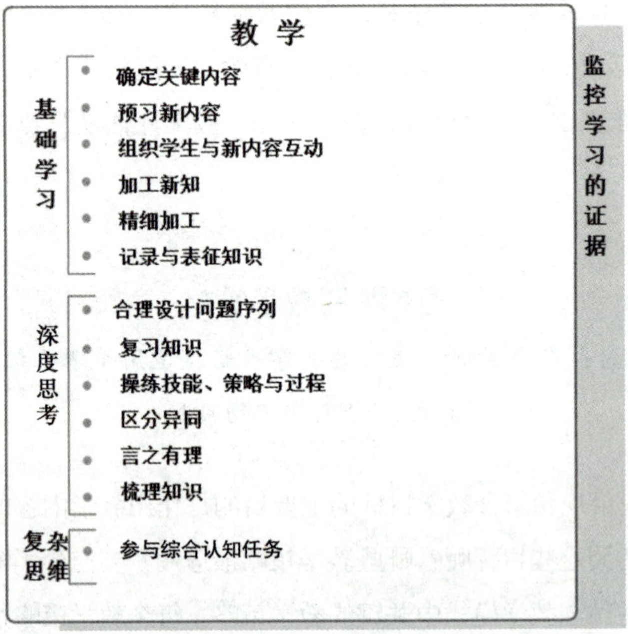

57 图 3.2　国际学习科学组织马扎诺研究中心为实现精准教学模式提出的 13 种教学策略

在第 1 课中，我们假设学生已经学习词汇，并被要求展示和描述加法逆运算。第 2 课拓展学生展开有理数加法和减法的运算（参见表 3.10）。第 2 课中列出的第一个学习目标的学习证据要求学生通过描述减法就是加上其相反数以达到理解的认知水平。为了帮助学生实现这一目标，教师选择了“组织学生与内容互动”和“帮助学生处理内容”等具体策略。学生互相交流，依靠同伴的帮助从例题中形成结论。为了拓展学生的思维，教师使用问题序列来管理回应率，这样会给予学生更多的自主性，并拓展学生的思维。

继续这个课时并提出下一个学习目标，学生被要求用符号表示新知识，比如用数轴表示两个有理数之间的距离，或其差的绝对值。这时的教学目标即“帮助学生记录和表征知识”，教学策略可以用来突出学生的学习证据，以展示对教学目标的掌握。如果学生的学习成绩证明已经掌握了这个教学目标，教师就可以推进到课时的最终目标，即“在现实世界中应用数轴上两个有理数之间的距离是它们差的绝对值的原理”。这个目标要求学生分析并将原理与现实世界中的问题联系起来，合理准确地应用原理。教师可以选择“帮助训练学生的技能，方法和步骤”这种教学策略，以展现学习目标。刚开始时学生可以与同伴或团队合作练习，直到最后学生可以进行独立操作。为了进一步加深对学习目标的理解，教师可以采取“帮助学生做到言之有理”的教学策略，要求学生分析逻辑错误并陈述理由，同时给予支持。为了确保学生达到学习目标，教师应使学生完全自主地学习。

值得注意的是，任何一课都可能包含基础学习、深度思考和复杂思维的学习，教师应给予学生必要的辅助以达到标准的要求。正如我们所看到的，教学目标的聚合完全有可能使一个单独的课时呈现出教育目标分类法的不同等级。

58 表 3.10　中学数学教学计划示例

第2课		
学习目标	**学生证据**	**教学策略**
理解有理数的减法，即加上相反数，$p-q=p+(-q)$	学生能够准确地描述有理数的减法，即加上相反数	●组织学生理解内容 ●帮助学生处理内容 ●合理设计问题序列
展示数轴上两个有理数之间的距离是它们差的绝对值	学生能够使用数轴准确表示两个有理数之间的距离是其差的绝对值	●帮助学生记录和表达知识
在现实世界中应用数轴上两个有理数之间的距离是它们差的绝对值的原理	学生能够准确地将原理和现实世界联系起来，并将两个有理数之间的距离是其差的绝对值的原理应用于现实世界情境中	●组织学生理解内容 ●帮助学生操练技能，方法和过程 ●帮助学生做到言之有理

59

课时计划小建议

1. 经常对照教育目标分类学的等级，确保教学活动和教学策略的认知分类等级与目标等级相一致。

2. 牢记标准驱动的规划基于标准。如果以教学活动或教学策略为基本，将很有可能偏离标准。

3. 确保改变教学策略。应用不同的策略，使学生参与进来，并建立更多的关联。

结论

本章讨论精准教学之路需要有意识地做好规划，不仅要支持学生学习的自主性，还要帮助学生学习，提高认知的复杂性。为了实现课堂中的精准教学，教师需要仔细规划教学，拆分标准的要求，按照教育目标分类学等级聚合为表现量规中的学习目标。表现量规制定好之后，教师课时计划的主体就完成了。然后，教师就能够使用适合目标要求和目标分类等级的教学策略来设计课程。这是不容易的，但这是确保课堂学习真正以标准为基础的唯一途径。值得高兴的是，教师并不会孤单地完成这项工作。本书第四章将探讨如何在基于标准的专业学习共同体中进行合作，不仅可以减轻为精准目标进行规划的负担，还可以培养出具有参与性的、专注力的学校文化，在这里每个教育者和学生都会把重点放在精准的教学和学习上。

第四章　构建基于标准的专业学习共同体

➔ 专业学习共同体在精准的学校环境中的新工作 61

核心概念：新标准需要专业学习共同体的重新构想

公共教育中一个更积极的转变是教师变得越来越开放。长期以来，很多教师不得不闭门造车，很少有导师的指导和同行的帮助。教育工作者除了知道自己课堂上的情况，往往不知道同事在做什么，也不知道学生在其他课堂上做些什么。但如今我们的核心观点认为，学生是所有教育工作者的学生。美国有共同的教育标准和评估体系，各州各地区有共同的课程大纲，学校有共同的基于标准的学习目标和表现量规。教师共同教学：他们分享给学生多层次的支持体系；他们共同备课；在最理想的状态下，他们分享有效教学实践的愿景。

国际学习科学组织马扎诺研究中心提出的精准教学模式需要教师之间密切合作。正如我们在第一章中提到的，高度合作的学校文化能够支持马扎诺研究中心的精准教学模式，并确保切实和可持续性地执行精准教学模式。可以说，合作是发展的催化剂。

成功实施精准教学模式，使教师有机会定期聚在一起讨论和完善教学技能，参与专业领域的对话，以确定如何以最好的方式教育学生。许多学校把这些合作结构称为“专业学习共同体”（professional learning community，
PLC），也有的称之为“团队时间”或“学习团队会议”，还有的称之为“共 62
同规划”。有些学校将之前的教研组会议和年级会议也改为专业学习共同体。这种新的合作模式与世界各地不同学校开展的提高学生成就的有效教学系统完全一致。

密歇根大学和范德堡大学的研究人员伦菲尔德和格里索姆等人（Ronfeldt, Grissom, et al., 2015）为了深入了解教师如何合作以及为什么这样做，展开了对迈阿密戴德县公立学校系统的 9000 名教师的一次大型研究。回顾他们的

研究，迈克尔·哈特（Michael Hart，2015）指出："接受访问的教师中有近90%表示，他们在教学团队中的合作有助于促进学生学习。"这项研究得出了一个看似简单却极为重要的结论："教师合作会使教学工作变得更好。"（Hart，2015）

达令·哈蒙德、钟伟和阿德里（Darling-Hammond, Chung Wei and Adree，2010）曾提到，韩国、日本和新加坡的教师只花费大约35%的时间来指导学生，剩下的时间花在其他教学任务上。比如，他们经常在公用的工作室和办公场所分享教学资源，交换教学想法。丹麦、挪威、匈牙利、意大利和瑞士等国家定期在校内工作时间为教师提供共同合作的机会。在芬兰，国际学生成绩的管理员、教师通常每周有一次下午聚会，用来共同规划和促进课程大纲与评估体系的发展。但是在美国，"在教学工作上花费的时间占工作总时长的80%，与这些国家的教师所花费时间的60%相比，实在太多了"（Darling-Hammond et al.，2010）。

随着新的精准标准的引入，专业学习共同体的工作比以往任何时候都更加重要。在精准教学模式中，基于新标准的专业学习共同体拥有一个共同的目标，就是帮助学生实现高层次的认知复杂性和高水平的学习自主性。

在精准教学模式中，基于新标准的专业学习共同体拥有一个共同的目标，就是帮助学生实现高层次的认知复杂性和高水平的学习自主性。

63 专业学习共同体的作用是收集主要数据，分析课程结果，并规划符合标准认知需求的教学策略。

专业学习共同体中，教师的参与和与学生的互动贯穿始终，并且与达到精准教学模式的每一步紧密联系。新的专业学习共同体始于基于标准的规划，并在团队创建共同目标、表现量规和获得共同的学生证据时，合作商议成功的标准。在专业学习共同体中，教师一起学习、实践、观察和反思精准教学中的每一步，在彼此的合作中分享思想和解决问题，创造出一个学校范围内学习条件始终如一并且有效的工作环境。教师确定共同的目标，并收集了大量的学生学习证据之后，就开始了对数据的反思和行动，进而分析问题和解决问题。

在专业学习共同体中，教师关注那些能够帮助教学决策的重要数据。表4.1说明了新型专业学习共同体所涉及的主题和活动的类型。

表 4.1　专业学习共同体的学习主题和任务

	新型专业学习共同体的工作
基于标准的规划	◇拆分标准 ◇研究检测规范和标准说明 ◇建立教学单元说明 ◇基于标准编制共同的学生表现量规 ◇制定和修订共同评估体系（形成性评估和总结性评估） ◇安排增加应用以学生为中心的教学策略
成功的标准	◇创建学习目标和表现量规 ◇创建统一评估 ◇给学生的作业评分 ◇共同跟踪学生进步

64

（续表）

	新型专业学习共同体的工作
教学	◇合作教学 ◇轮流教学 ◇同伴辅导 ◇观看课程视频 ◇形成精细实践团队 ◇导师指导 ◇收集和审查基于研究策略的预期效果方面学生学习证据 ◇同行观察和示范 ◇课例研究 ◇策略研究
学习条件	◇建立全校性学习环境 ◇介入支持团队 ◇建立共享资源和材料（如阅览室、实验室） ◇全校考勤和行为数据分析
数据反思与行动	◇检查学生学习 ◇数据分析会议（领先和滞后的数据） ◇统一的学生评分 ◇解决学生难以达到学习目标的问题 ◇行动研究 ◇收集、检查和评定学习证据（数据和学生作业样本） ◇策略充实与学习干预

为什么专业学习共同体对学生的成功至关重要？ 65

核心概念：研究表明，高水平的教师合作显著提高了学生成绩和教师士气

高功能的专业学习共同体是产生社会学家所谓的“人力资本”和“社会资本”的实验室。对于教师而言，人力资本可以广泛地理解为积累的知识、经验和效能——我们可以称之为智慧。社会资本是以互动为基础的，即教师分享和交流积累的知识的过程十分流畅。

社会资本是以互动为基础的，即教师分享和交流积累的知识的过程十分流畅。

加利福尼亚大学圣地亚哥分校的研究员艾伦·戴利及其同事描述了人力资本和社会资本在教育环境中发挥的巨大作用：

> 知识和经验丰富的教师（也就是人力资本雄厚的教师），在合作环境中进行大量的信息交流（社会资本），能够发挥出创造先进成果的潜力（Nahapiet & Ghoshal，1998）。为了将人力资本和社会资本应用于教学问题，组织中的成员必须认识到，知识的形成需要分享、交流和合作，个人和集体都将受益其中（Nahapiet & Ghoshal，1998）。

研究员卡莉·丽娜（Carrie R. Leana，2011）发表了一份她在匹兹堡大学的研究报告，该报告衡量了强大的社会资本的影响，在研究中特指对学生的成就起到影响作用的是教师之间的积极互动。丽娜指出：强大的社会资本就是“高度的信任和频繁的互动”。丽娜和她的同事发现教师合作能够蓬勃发展的学校环境与学生的学习成长存在着显著的相关性。

丽娜（2011）认为，用社会资本的视角来回答“为什么有些教师比其他 66

教师更好”这个问题，“不仅仅能看到教师通晓什么样的知识，还能知道教师在哪里获得**知识**”。丽娜和她的同事们得出结论，大多数情况下，教师不会去找外部资源来提高对教学的了解，更不用说到行政管理员那里寻求帮助了。事实上，教师最有可能从同行或同事那里收集有关教学的知识。

2016 年，国际学习科学组织的研究人员对来自美国 6 个校区 60 所学校的 2854 名教育工作者进行了调查，确定了专业学习共同体对教师士气的影响。数据表明，当专业学习共同体在学生学习和业绩数据上进行合作时，教师更有可能感到满意、工作更有效率。当专业学习共同体专注于正确的工作时，这项工作既能鼓舞士气，又能在学校环境中创造出更多的社会资本和人力资本。研究认为，关注教与学的有效合作共同体将为学生的学业成就带来巨大的红利。（请参阅 Basilio-Devers 关于这项研究的完整报告，2016）

面向教师的精准

核心概念：在基于标准的专业学习共同体中进行合作的教师将体验更多的认知参与，并提高自主性，达到精准

本书第一章讨论了学生学习的精准，即认知的复杂性与自主性的交互。教师在认知上参与，并在解决学生的问题上具有自主权，帮助学生迎接挑战、排除障碍，对于教师来说也获益颇丰。在专业学习共同体这样的情境中，教师有自己的问题，有能力解决自己的问题，动力会不断增加，创造性的解决方案将会从集体的智慧中脱颖而出。

教师在标准驱动的课堂中进行教学，而专业学习共同体就是精准教学的用武之地，在这里教师能够发展专业能力和提高认知水平，同时也能获得更多的自主权。在高度自主和复杂认知的新环境中，专业学习共同体恰好能够提供精准的专业学习。为了确保学生达到大学学业和职业准备的双重标准要

求，教师的专业发展势在必行。

许多学校都有专业学习共同体，至少某种程度上是这样的。但管理人员 67
和教师都知道，几乎没有两个专业学习共同体是一样的。在美国的学校中，成功的合作模式并不少见，很容易就能找到教师合作的案例，但是仔细研究就会发现，这些合作缺乏必要的时间条件、技术条件，或是使合作有意义的愿景。因此，许多专业学习共同体表示，教师分享课堂活动和策略时，因为没有共同的教学愿景，没有明确的关于成功的定义（即所有学生在一致性的基础上达到的学习成果），所以就没有共同的对于目标的理解来统一教学工作。这不是教师的过错，只是教师还没有充分地接受相关的引导。

例如，有这样一所学校，共同的教学计划时间往往被教师用来完成分工的任务：一位教师写阅读教学计划，另一位写数学教学计划，然后交给其他教师分享。虽然这也是一种分享和合作的文化，但远远不能满足基于标准的教学规划。

建立专业学习共同体内的精准学习文化：从形成到实行

精准学习模式下的专业学习共同体为教师建立了真正精准的学习文化，但这种学习文化不可能一蹴而就。当教师参与深度工作时，冲突就无法避免。在加利福尼亚大学新教师中心工作的圣克鲁斯与研究员贝蒂·阿钦斯坦（Betty Achinstein，2002）对教师团队在合作中的动态进行了实证调查。研究发现，当教师合作规划课程教学或其他学校教学改革时，经常会出现冲突。

领导教师团队合作的人，或是参与任何一个合作小组的人都非常认同这个结果。阿钦斯坦指出，教育工作者和研究人员经常描绘团队合作的美好画面，却绝口不提那些成功之路上的潜在障碍。还有一些教育工作者可能会想到这些不可避免的工作人员之间的冲突，所以在他们开始合作之前就停止了。阿钦斯坦认为关键在于合作的成员之间如何处理冲突。她鼓励领导和教师能够预见冲突，包容分歧，同心协力推动合作的进行，实现真正的合作组织上的改革。

68 如何帮助教师包容冲突而不是规避冲突呢？20 世纪 60 年代，心理学家**布鲁斯·塔克曼**（Bruce Tuckman）确定了从形成小组到开始合作时常见的四个发展阶段：**形成、风暴、规范和实行**（Tuckman，1965）。一位曾与我们一起工作的教师描述了在学校里合作的过程："今年有一个巨大的合作上的转变。之前，我们的团队合作名存实亡，因为要保持专业性，我们争论不休。学习如何一起工作就像进行完全不同的球类比赛一样，开始的时候一团糟。"这位教师补充说，最终团队建立了自己的规范，终于从风暴阶段发展到合作的实行阶段。

让教师提前知道这些阶段是有必要的，至少能帮助他们理解"风暴"是正常的。风暴阶段之后，合作就会回归平静，团队进入规范阶段。正如这位教师所描述的，**规范阶段**就是人们开始学习一起工作和一起解决问题的阶段。在这个阶段，教师解决了冲突，接受了分歧，建立了公开分享课堂问题所必需的信任。教师承认这也是他们需要成长的地方，并允许同行进入自己的课堂，分享教学上的数据。

在**合作实行**阶段，真正的工作已经完成，团队能够共同承担责任。每个人都是学习者，团队知道如何共同合作，每个成员都有成就感。这时教师能够进行复杂的交流，成为诤友。

团队成员需要知道这个理论，这样才能认识到合作正处于哪一个阶段，并促进团队合作不断地向前发展。

建立和维护基于精准标准的专业学习共同体的建议

1. 暂时的挫折不可避免。专业学习共同体成员可能因为意识到自己需要学习而变得沮丧。辨识发展的阶段，培养成熟的心态，克服障碍，促进发展，持之以恒，必有收获。

2. 预防和缓解“边界政治”，因为它阻碍了合作文化的发展。学校 69
领导班子应帮助团队成员感受到自己做的工作也是整体工作的一部分。

3. 当团队出现不平衡时（教师都会比较了解自己的工作），每年应“重新平衡”团队，添加专家或干预教师，帮助教师按照理解能力或其他能力进行分组。

4. 只要有一个新成员加入就会使一个高效合作的团队回到形成阶段或风暴阶段。请耐心对待合作重回初级阶段，新团队成员也会带来新的理念和拓展的思维。

5. 拥有自己的专业学习共同体并对彼此负责。请记住，专业学习共同体为你提供专业学习和发展的机遇，同时也锻炼团队的自主性。

6. 建立并统一团队合作规范。

基于标准的专业学习共同体的三个转变

随着新型大学和职业准备标准的出台，如果没有系统的支持和成长的空间，就很难按照标准所要求的进行教学。专业学习共同体正是符合要求的一个理想场所，全国各地的教师现在都意识到了专业学习共同体的重要性。

在专业学习共同体的工作中，共同的表现量规、评估体系和教学语言是必不可少的。有了这些重要的共同点，教师的讨论才会被关注，并为所有人带来十分有益的效果。在我们与应用精准教学模式进行教学规划的教师合作时，会发现教师们在工作中形成了共同点，分享共同的期望，即每个人都很好地完成了工作，并能透明地分享和反思学生学习的成果，从而提升了教师
教学的热情，提高了学生的学习成绩。 70

新型专业学习共同体的概念有三个方面不同于旧的模式，发生了转变。第一个转变是基础的转变，专业学习共同体专注于标准而不是之前的教学活动和教学资源。我们很多人都记得，在新标准设立之前，教师共同备课。但是，教师并不是计划标准驱动的课程和活动，而是计划一些关于假期等主题的大众化活动，抑或是针对教材的一些常见活动。例如，许多学校都会组织各种总统日活动，几乎每个年级都会做乔治·华盛顿木偶，有些木偶还会粘贴上教师打印出来的乔治·华盛顿的语录。教师使用教学活动和节假日来驱动教学，而不是围绕特定的学习标准制订教学计划。这些活动和课程的用意是好的，但教师和学生努力的回报往往很低。之前的标准范围太大，教师很难准确判断学生应该学什么、做什么，或者学生的思维认知和实践能力应该达到什么水平。教育工作者抱怨旧标准使教师教得很广，但教得很浅，因为标准对预期结果没有作明确的说明。

一位教师总结了第一个转变："如果你要开展活动，一定要有一个目标或一个观点，而不仅仅只因为喜欢它。比如，在小学你想做那些可爱的小手工是比较难的。表现量规会帮助你知道哪些活动有意义，以及让孩子们明白我们为什么这么做。比如，让学生一起做海报对比两本书，但我一直让学生重做。我会问，你们为什么要这么做？这不仅仅是画一幅很酷的画，你要看到两本书的相似之处、不同之处。当你们展示海报时，我想听到的是这些。如果在过去，我可能会说：'交上作业的就进城去吧！好好去玩吧！'现在我仍然希望他们玩得开心，但我也希望他们知道自己在做什么。"

第二个转变是从之前的展示——讲解的模式向共享式的教学规划的转变，而专业学习共同体在共享式的教学规划中产生的学习成果能够体现固定的标准和义务。在以前的专业学习共同体中，每个成员分享一个活动，每个成员
71 可以在这样的大杂烩活动中选择自己下周要开展的活动。在这种类型的专业学习共同体中，教师不需要共同工作，也不需要共同解决教学实践中的问题。而新型的专业学习共同体要求教师尽力地一起合作，但是如果教师没有共同

的学生学习成果，不采用共同的教学模式，那么教学实践的真实参与度就会大打折扣。这种类型的专业学习共同体就无法成为帮助教师理解合作教学的有效性的肥沃土壤。

第三个转变是从滞后数据到领先数据的转变。如果专业学习共同体专注于滞后的学生数据，即教师直到学生离开课堂之后才收到年终评估数据，这对教师指导学生实践为时已晚。教师也不清楚分析这些数据后能采取什么行动，而有些教师干脆用滞后的数据来确定下一年的目标，可想而知，教师从这样的数据很少能获得明显的帮助来影响当前的教学实践。这种滞后数据带来的混乱使专业学习共同体的功能变成了对策划学校活动或管理课堂问题的讨论。对比之下，如果专业学习共同体转向分析领先数据时，教师会实时地看到学生是如何朝着标准前进的，同时他们可以共同分享和反思数据，并立即调整教学，以影响学生的学习。我们将在本章的后一部分详细地讨论教学决策的制定和教学干预措施。

规划教学

核心概念：合作规划教学提供对标准实施的共同理解

> 最重要的是，教师教学对学生清晰可见，学生学习对教师清晰可见。
>
> ——哈蒂

21 世纪学习的关键目标就是让学生看到学习。基于标准的专业学习共同体专注于使学习变得清晰可见，因此教师能够以此计划教学，以激发学生不断展现新的学习证据。这样每个教师就能知道学生是否达到或正在努力达到 72
标准。

专业学习共同体的规划始于对共同标准的检验，教师从中制定共同的学习目标。成员共同建立融合学习目标的表现量规，并计划与学习目标一致的共同的学生证据。这些都是专业学习共同体成员的共同活动，专业学习共同体的真正影响在于对学生成绩和学习证据的整体审查。一旦教师确立了共同的目标和证据之后，他们就会有很大的选择权和自主性去辅助学生进行学习。教师也可以根据学生的需要和自己偏爱的教学风格自主地为课堂做教学决策，在这种模式下，教学的喜悦感会应运而生。

> 专业学习共同体的真正影响在于对学生业绩和学习证据的整体审查，一旦教师确立了共同的目标和证据之后，他们就会有很大的选择权和自主性去辅助学生进行学习。

检查学生的作业和成果以获取学习的证据

核心概念：合作检查学生作业，为教师反思与成长提供动力

本书第一章提到，学习的证据可以是学生所说的、所写的、所做的，或是所表现的任何事物或行为。将学习证据作为主要指标传递给专业学习共同体，可以证明学生正在向着标准进步。教师为专业学习共同体提供共同的学习证据也会带来许多积极影响。通过卓有成效的讨论、与其他成员合作分析
73 学习证据，教师能够及时调整对所需学习证据的理解。换句话说，在专业学习共同体中教师能够以标准为基础来校准对学习目标的理解。

教师进行基于标准的校对是对学生的学习成果进行集体检验，这样做的另一个好处是教师也必须进行个人反思。教师会看到学生表现的一些变化，这种变化可能发生在自己的课堂上，也可能发生在别人的课堂上。正如教师所反映的那样，他们会为那些已经达到预期学习效果的学生和那些没有达到预期学习效果的学生检验学习证据。因此，在专业学习共同体的团队合作中

教师能够解决学生的个性化干预问题。

这种对学生证据的合作检查，还有第三个好处：促进教师成长的刻意练习。深思熟虑的实践是缓慢的、点滴积累的过程，其间教师不断反思自己的长处和短处，并专注于精益求精。[①]在学生进行刻意练习时，教师、教练和其他各种专家能够一起采取行动促进学生的成绩表现。在教师进行刻意练习时，可以从同行、同事或其他专家那里获得反馈并逐渐地让教学技巧精益求精，同时也会看到更多的学生达到或实现预期的学习成果。进行刻意练习的另一个好处是会产生专注的、深入的学习，以提高教学热情，使教师感到工作更有意义（Newport，2016）。

参与教学观摩

核心概念：参与教学观摩能够促进教师成长，构建合作学习的文化

教学观摩是一个学校或地区促进教师实践和发展合作文化的最重要的工具之一。在国际学习科学组织马扎诺研究中心的精准教学模式中，教学观摩有特定的过程、参数和结构，使同行能够有信心、有能力参与其中，并密切 74
关注特定策略。

教师观察同行的教学课堂，为的是通过探讨和分析他们所看到的来提高自身的能力，以及帮助他们进行深入的专业实践对话，这是马扎诺结构化学习过程的一部分（Marzano，2011）。

教学观摩从愿意向同行开放课堂的教师开始。这在大多数学校都是一个文化转变，而不是靠强制或催促就能进行的转变。位于佛罗里达州棕榈滩的

① 在2007年《哈佛商业评论》期刊中，爱立信、普瑞图塔和寇克里（Ericsson，Prietula，Cokely）指出："你需要一种特殊的实践—精心实践—发展特长。当大多数人实践时，他们已经知道怎么去做。精心实践是不同的，它需要相当多的、具体的和持续的努力去做一些你可能做不好的事情，甚至根本做不好的事。跨领域的研究表明，只有真正去做那些你不能做的事情，你才有可能变成你想成为的专家。"

艾克雷志·磐斯公立小学的校长艾米·迪容（Amy Dujon）在一个由三位自愿的教师构成的小组内开始实行教学观摩，最终发展到所有员工。她回忆起学校的文化氛围随着时间的推移逐渐发生的变化："整个学校的文化氛围变化的过程，就是从'我孤单一人到有时可以找我的团队聊聊'，再到整体合作的过程。"

迪容继续说道："我可以从我的办公室看到校园里教师之间尽情讨论，分享策略，这是一种生活方式。有一位教师，工作很出色，我一直在想，她为什么不让我们到她的课堂看看呢？我们带她观摩了其他的教学课堂，那个下午我们走进了她的教室，我看得出她在上午的教学观摩中学到了一些东西。第二天，她给了我一张卡片，上面写着：'我只是想为昨天的事谢谢你，我很有收获。'"

迪容知道这位教师缺乏教学的信心，一旦教师观摩了其他同行或同事的课堂，她就能证实自己的教学实践，增强信心。

教学观摩有两个目标：一是向精心教学实践中实施具体教学策略的教师提供反馈；二是让教师比较和分析自己的教学实践。最终，教师会对自己的教学方法进行有意义的改变，也就是他们发现自己的课堂应先做什么，后做
75 什么，以及要停止做什么。教学观摩的主要优点在于观摩结束后进行的讨论，以及之后的自我反思。

思提、埃尔莫、费尔曼和泰特尔（City，Elmore，Fiarman and Teitel，2009）等人都将教学观摩认定为支持教学改进的有力实践。然而，在精准教学模式的实践中，能够广泛利用教学观摩的学校还不多。

我们在实施教学观摩中最大的障碍是时间。虽然共同规划时间很重要，然而共同的教学计划可能会干扰教学观摩，因为根据共同的规划，教师就不可能出现在别人的教室里进行教学观摩。因此，我们总结了一些学校计划克服时间障碍所采用的方法。

当教师彼此建立信任并在专业学习共同体中建立紧密的关系时，就会更

加乐意邀请他们的同行或同事走进自己的课堂。这个过程激发教师在专业发展上不断改进。迪容总结说："教师不断地提高自己的技能，精益求精。他们永远不会满足，因为他们总觉得自己可以做得更多。这就是刻意练习的反思性作用。"

开展教学观摩的建议

1. 分担责任感。同意与另一位教育工作者合作。请他在你进行教学活动时全程观摩，并答应在他教学时也进行全程观摩。

2. 组合课堂。创建一个临时的共同教学环境。在一间教室的组合课堂上，一位教师进行教学，另一位教师进行观摩和学习。切换角色，使每个人都能够进行教学，并提供和接收"观摩和学习"的反馈。

3. 使用代课教师。为代课教师提供资金支持。如果教师和行政部门 76
协调，可以将全日制的代课教师引入不同的课堂，使某些教师能够在一整天进行教学观摩和学习。

4. 利用现有资源。利用专业教师、资源教师、指导教师或课堂助理的时间。观摩学习活动的时间通常很短（5~20 分钟），这样就更可能也更为方便地请这些人员帮忙。

5. 扩展您的网络。由于目前系统中教学策略范围广泛，可以应用于所有年级，因此，与不同年级的同行合作更加方便。通常，同一年级的教师教学规划时间相同，妨碍了互相观摩。与另一年级的同事合作，可以为教学观摩提供更多的机会。

第五章　引导基于标准学习的学校文化

学校领导者引领学习 77

通过几年时间帮助学校向标准驱动的精准课堂进行关键性的转型，研究者经常发现学校改革的成功与否取决于学校的领导者。需要强调：学校领导者**必须**引领变革。这绝非易事，每位校长和副校长都会认为改革就是挑战。当然，只要去做，付出的努力一定会有回报。

应该清楚，改革成功的基础是**心态**（mindset）。我们首先要理解的是，每个人既是学习者，也是领导者。对于学校甚至整个地区也是如此。每个人，从地区的行政人员、学校领导、课堂教师、辅助人员，甚至到学生，都要关注正确的事情。只有当我们为正确的理由做正确的事时，才能大大提高成功的概率。

学校和地区的各级领导应该培养这种关注度和一致性。2013 年至 2016 年间，校长朱莉娅·埃斯佩（Julia Espe）在明尼苏达州的整个普林斯顿校区实施了精准教学模式，旨在培养教师积极的心态，统一教学思维模式："我们的学校很不错，但是我们需要看看如何将教学实践做得更有效、更有说服力。成长是必须的，期望孩子们在进入课堂前就做好了学习的准备，全部进
入状态。转变为的是专业发展，作为教师和领导者，都要准备好学习。因为 78
如果不是全身心投入，没有发展的意识，就不会有变化。"

在教学的转变过程中，学校的领导者必须是主要的学习者，只要他们具备了发展的意识，就意味着会放下对受挫的恐惧。有些学校领导者承认他们并不了解教学改革，也不清楚还要去学习什么。他们会犯错误，但他们勇于承担错误，并会将错误转变为教职员工的宝贵学习经验。

艾克雷志·磐斯公立小学的校长艾米·迪容（Amy Dujon）反思了自己曾经缺少教学专业技能的痛苦，所以她想帮助教师进步，但她之前不知道应该怎么做，就算现在已经是一名资深教育者了，她也需要帮助找到发展的方

向。

她坦言道："当你是校长时，人们会想，你已经在这个位置上了，应该能做所有事情了。但事实上并非如此。没有人观摩我的课堂。我知道一些东西需要改变，只是不知道要改变什么。"

沙湖小学的一位教师曾经说起她的校长成为学习带头人的过程："我们总是说让教师成为更好的教师，其实也许管理者也需要教点课。我们的校长就很会学习，她组建了一支学习团队，给我们提供了学习设备和书籍，期望教师去尝试，哪怕失败，及时去反思，再学习，再尝试。她没有放弃任何人，而是推动我们前进，当然，我们也绝不会放弃使用精准教学模式。"

校长与教师一起学习的事例反映出，校长不仅仅应该和教师共同学习，而且还要提供支持和资源帮助教师不断地发展。

为了更好地实施精准教学模式，领导者应开展四个关键的领导行动支持教学改革，使各项工作协调一致、聚焦精准，为成功奠定基础。

79

为实现精准教学模式给学校领导者的建议

1. 致力于将学校转变为精准教学中心的领导者必须重新思考自身的领导力。

2. 将精准教学模式的学习和实施密切监测结合起来。

3. 对于学校领导者来说，有一个值得信赖的指导员时刻鞭策提醒是至关重要的。外部的指导员能够认识到变化所处的阶段，并帮助领导者继续坚持下去。

4. 循序渐进，肯定成功，进一步激励发展。

5. 选择性放弃。减少不符合工作重点的项目，降低时间和精力的损耗。

6. 对变化保持高度的期望。坚持不懈是关键，但成为一名好听众也是关键。确定障碍，并成功移除。

7. 让教师参与定期的完整的教学观摩活动，关注具体教学方法，在教学合作中深入交流。

8. 帮助教师创建并有效应用基于标准的表现量规和学习目标。表现量规是精准教学模式的核心。

9. 实行分布式领导。

四个关键领导行动 80

领导者建立清晰有效的教学愿景，促进变革的理念

学校领导者的第一个重要职责是建立清晰有效的教学目标，并明确说明教学改革的原因和重要性，因为要求整个学校教职员工参与的有效教学改革，需要全体人员重新理解。在大多数学校，教师的理念来自传统的教学模式，这个理念首先是由詹姆斯·斯蒂格勒（James Stigler）和詹姆斯·希伯特（James Hiebert）在1999年的《教学的差距》中将其描述为“讲坛圣人”“以教师为中心的教学”或“背诵教案”。这并不是一个促进深入学习的范本。然而大多数人在学校接受的教育方式就是这样。走进大学，教授仍然以教师为中心。毫无疑问，大家认为这种以教师为中心，单调的讲课就是好的教学模式。

领导的角色是帮助所有员工重新看待这种模式。正如校长所说，学校不会改变自己。这位校长本能地认识到，如果想改变一所学校，首先必须改变自己。在实施精准教学模式的变革时，她意识到要转变教学模式，必须重新理解领导力和教学的关系。这一重新的认识需要时间。

国际学习科学组织马扎诺研究中心的精准教学模式是基于研究的教学模式，为21世纪的有效教学和标准驱动的课堂指明了方向，定义了有效教学的概念，解释了教学实践的共同语言和通向精准的支架式方法。有个校长这样评论：“实现精准教学模式的要领给了我们一个路线图。我们所要做的就是

照着做。”

但是建立有效教学的愿景和达到目的的路径并不是最终目标，其次，教
81 师需要理解精准教学模式的各个方面，充分地在课堂上实施起来。

领导者成为专业发展的主导学习者

学校领导成为专业发展的主导学习者符合教学愿景，并促进了合作文化的转变。学校领导者在精准教学模式中发挥了深厚的专业能力，有效地帮助教职员工改变传统的教学模式。学校领导者在学习的同时进行各种实践，制定与精准教学模式一致的、全面的、协作的、实用的专业学习规划来支持教学目标。学校领导者还应时时检查学习，提供建设性的反馈意见，不断地鼓励教师反思。

许多学校领导人认为教学观摩是一种工作嵌入式、体验式的学习，能够加速嵌入教师和领导者的新的学习。领导者将开始进行教学转变的课堂看作学习实验室。当同行相互观摩彼此的课堂时，教学观摩就成了加强和维护新教学理念的催化剂，这些教学课堂不可避免地挑战了教师对有效教学的理解。

观摩同行课堂的经历可能导致一些认知失调，换句话说，观摩会根据观察到的别人的做法给教师提供一个审视自己课堂实践的视角。它促使教师不断反思：哪些教学行为需要放弃？哪些教学行为需要采用？课堂观摩是发展和改进教学实践最有力的方式之一，教师正面临着改善教学效果的挑战。

学校领导者不仅要推动教学观摩，也要关注教师的专业发展。如果教师也发挥领导作用，学校就能越来越快地发展起来。

82 领导者点燃他人的热情，协同努力达成目标

学校的领导者不断地推动与倡导有效教学，他们的热情和执着不可避免地带给教师兴奋感和责任感。这时，领导者就可以发现有发展前途的教师和

成长中的教师，他们成功地在课堂上做出改变，并且愿意领导同行、影响同行。这些教师懂得如何工作，善于有效沟通，帮助学生迎接挑战，获得成功，并将学习的热情不断传承下去。

佛罗里达州博卡拉顿市的卡鲁萨小学校长杰米·怀亚特（Jamie Wyatt）设计了一种新颖的方式来培养教师，使其逐渐成为有领导力的人。她将教师按“教学”伙伴进行配对，以帮助建立学习文化的合作氛围。首先，怀亚特颇具策略地给每位教师分配一个相邻年级的“教学”伙伴（teaching buddies）。双方负责相互观察和彼此反馈，每学期，怀亚特都会为他们安排一次观摩。在课堂观摩时，观察教师是否侧重于预选的精准教学模式中的教学策略，如“监控”“确定关键内容”或“组织学生与新内容互动”，并使用电子辅导工具，为这些教师提供教学上的反馈。之后还会安排大多数教师进行面对面的情况介绍会。全体教师都喜欢进行同行的课堂观摩和互相辅导，除了最初的安排，校长几乎不参与具体过程。这是一个非介入性的，以教师为主导的做法，与精准教学模式中促进教学实践的理念相一致，即将全体教职员工磨炼成了实践型的教师。

怀亚特反思了这一过程：“我从教师那里收到的反馈非常积极，许多教师要求安排更多的观摩时间，听教师分享对其他教师的积极评价非常令人兴奋。它创造了教职员工之间真正的协同效应，也提高了同行之间互相尊重的程度，让教师有机会看到他们并不是在学习的过程中孤军奋战。这一过程真正提高了员工之间的合作水平，帮助学校推进了专业发展的进程。”

怀亚特的目的达到了，她为教师提供了培养领导能力的环境和模式。通 83
过这种模式，教师能自然而然地展示自己的领导素质——换句话说，怀亚特不需要选择领导，她已经发现了这些处处领先的人。

校长怀亚特非常明确工作的重点，下一步就是要确保所有的领导决策都支持基于标准的课堂体系。

确定和发展教师领导者的同时，校长就应该建立教师领导的规范，例如建立领导的专业学习共同体。专业学习共同体的领导者就是成为领导的最佳选择，校长必须与专业学习共同体的领导者共同承担决策的制定。真正的技术变革都将发生在与专业学习共同体合作期间，并且以产出的方式出现。哈佛大学教育研究生院的理查德·埃尔莫（Richard Elmore，2000）指出在员工中分享领导和决策的最终原因是：

> 共同掌权和共同合作固然重要，但仅仅如此仍然不够。
>
> 分配领导力可以分担责任和权威去指导教学实践。关键在于将校长和每个教师的决定综合起来，很可能更有利于学生的学习。

校长艾米·迪容（Amy Dujon）跟踪调查了教师在精准教学模式中以学生为中心的课堂。教师自我评价并记录自己的进步，学习的过程非常清楚（参见图 5.1）。

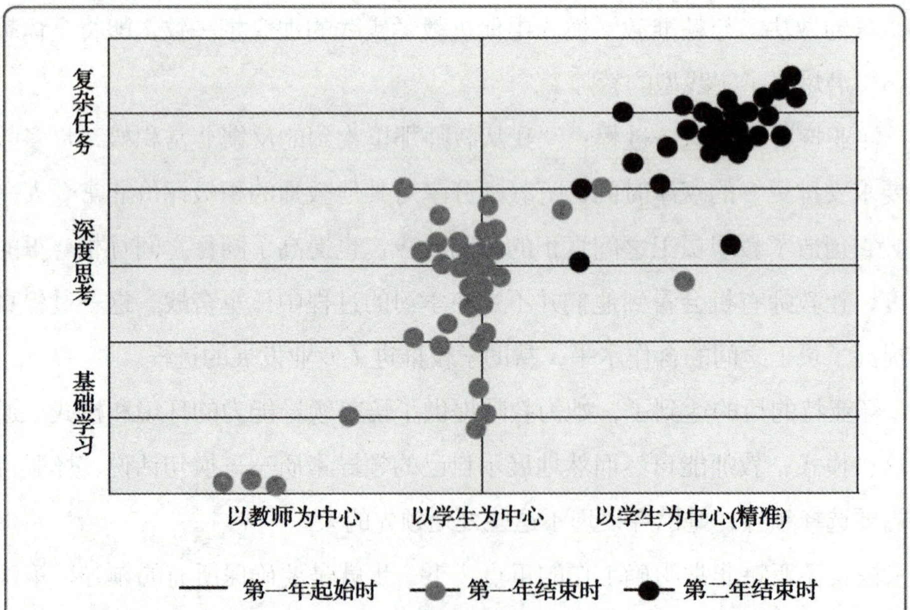

图 5.1　教师发展的跟踪图

校长授权教师做决策，必然会承担一定的风险，但也因此会获得成功。比如，一个高中的学部建议对课程表的时间安排稍做修改，以减少午餐铃声对课堂教学的干扰；在另一所学校，四年级的教师团队决定将学生分成小组，分别进行每周 2 次的拔高训练和复习训练。这些决策都是针对最需要解决的问题而制定的。

然而，并不是所有的决策都会取得成功——这也正是授权教师做决策的 84
风险所在。例如，针对数学成绩不好的数据，一组小学教师决定每天的课程安排都先教数学，这个决策产生了意想不到的后果：时间表的改变对阅读成绩产生了消极的影响。教师从中吸取教训，在课程设置中尽量不打乱上午的教学，因为他们一致认为这一段时间更需要进行阅读教学而不是数学教学。

领导者应保持耐心和决心，清除改革的障碍，坚持不懈

几乎所有的学校领导者都会在实施改革时遇到阻力，需要教职员工一起来做重大的模式转变，放手在多年实践中积累的教学模式，采取新的方式来思考课堂教学。熟练的老教师也可能会突然感觉自己像个新手，然而他们觉得必须这样去做，教师的进步和飞越必须平衡同情和勇气。 85

一位校长谈到“十月墙”，也就是教师处于对抗情绪的边缘。许多缺乏勇气的校长面对焦虑退缩了，而这位校长没有屈服、没有放弃，在教师感到不知所措或对自己的教学技能突然失去信心时，他说：“我知道这正是我们需要做的，就算有十几名教师冲进我的办公室，我也必须保证这一举措正常进行。我必须向大家说明这种改革是必须的，是没有借口的，但改革的目的是积极的。这是工作达到严谨、精准的必由之路。”

领导者可以听一听那些焦虑的员工的心声，给予必要的支持，延缓焦虑，避免消极情绪的产生。这一切没有捷径可走。真正想要改造学校的领导者都不会推迟或退出改革的进程。在这个关键时刻，领导者的确面临着重要的领导力选择：如果他们相信自己，就会运用各种方法坚持改革。

例如，如果教师没有足够的时间学习和实践新的理念，那么去理解这些改变就是一个合乎情理的问题了。大多数学校的领导者会将教学放在最重要的位置，并减少非指导性的工作，换句话说，就是坚持专注于标准驱动的教学。

第四章小组活动的讨论中，教师在小组合作之前都会经历风暴阶段，学校作为一个目标明确、节奏一致的整体也会经历类似的阶段。不要放弃，如果校长有着坚定的决心，那么所有的挣扎都会成为过去，这些努力也是学习的一种形式。学校的领导者和教师都会为成功地度过这个阶段而欢欣鼓舞。

结论

撰写《标准驱动的课堂：精准教学的实践模式》一书，为的是向教师和学校领导者提出对精准教学模式的大致理解，以及如何成功地实施策略。开
86 创性的教育工作者已经完善了模型，这是一项卓越的成就，本书通过每一章节清楚的阐释，分享了其中许多实际的解决方案和问题得到解决时的欢欣雀跃，这些问题具有挑战性，虽然有时结果和预期并不一致。许多学校在使用精准教学模式的过程中，发现以标准驱动的课堂转变结果显著。例如，一个地区报道，学生阅读成绩和数学成绩在改革的第一年提高了 10%，第二年又增长了两位数[1]，其他学校远远被甩在了后面。精准教学模式实施一年后，在接受来自国际学习科学组织马扎诺研究中心在 2015—2016 学年提供的支持性咨询下，佛罗里达州一个农村地区的落后学校中先后有四所升格了两个等级（三所学校已从 F 级跳到 C 级，一所学校从 D 级升到 B 级），另外还有三所学校提高了一个等级。

① 见关于应用精准教学模式教学和学习成果发生巨大变化的学校和地区的完整报告，案例来自明尼苏达州的普林斯顿校区、佛罗里达州棕榈滩的艾克雷志·磐斯公立小学、佛罗里达州博卡拉顿市的卡鲁萨小学和佛罗里达州的格莱兹第三学校的研究数据。

一位中学校长助理总结一年后的课堂变化："我们看到了课堂从以教师为中心向以学生为中心的真正转变，每个课堂也都会遵循精准的目标。我们也看到了教师比以往任何时候都更多地谈论学生的自主性和认知的复杂性。对我而言，作为校长助理，这是帮助教师改善教学所做的最大的进步。之前，我们专注的是基准和课程大纲，但现在我们能够深入了解如何帮助学生达到标准，获得成功。"

将复杂的工作分配给教师后，他们自主制定教学决策，如同学生为了达到复杂性认知发挥学习的自主性一样，整个学校共同体的成就远远超出想象。如果精准教学模式恰到好处，教师和领导者就能在年终总结里熟练地描述和讨论学生达到标准的每天、每周甚至每年的进步。如果学生已经达到了认知的复杂性和学习的自主性，他们就成长为终身的思考者和问题的解决者了。
如今的国家标准性测试，不再是充满压力、可怕的评估窗口，而仅仅是衡量 87
基于标准的课堂体系实施成果的另一种方式。

实施精准教学模式需要所有利益相关者进行实践上的改变，但是，也要知道不管期望多清晰、多明确，精准之路的目标与团队合作已成为一种工作常态，教师和领导者想要在短短一年内看到重大的教学成果是不可能的。如果学生上学时变得充满激情，遇到困难时与同伴合作或能够独立解决问题，这就是最大的成功了，正是这些成就激励着领导者和教师在职业生涯中不断地改进。

一位教师这样说："这种改变是值得的。耐心一点，这的确是一种新型的学习模式，它需要时间的积累。每天做一点，不要害怕，花点时间，让它成为一个习惯或新的常规，你就会知道为什么教学发生了如此大的变化。"

教师实施精准教学模式的建议

1. 重新设计传统教案。

2. 以成熟的心态开始工作，相信自己能学，并能坚持学习。相信自己：

●能接受挑战。

●即使因为失败有些沮丧，也能坚持不懈，并将失败看作学习的机会。

●能将同行的成长作为自己继续学习的激励。

●相信努力和态度将会有所回报。

3. 找到一个值得信赖的指导员或导师，督促自己学习。

88 4. 在课堂上庆祝小胜利，激励自己前行。

5. 放弃不能支持以学生为中心的实践活动。

6. 当遇到发展的障碍时，与团队和学校领导者进行沟通。

7. 参与完整的教学观摩，反思行动，交诤友。

8. 坚持创建基于标准的表现量规和学习目标。起初，时间会紧张，但从长远来看，持续的关注和逐步的调整会减轻工作量。

9. 做好准备去冒险。追求完美是进步的敌人。

10. 提高对学生能力的期望水平。因为在学生逐步转移学习的自主权时，你会对他们取得的成就感到震惊！

附录 A　模板

创建表现量规的模板

年级：__________ 学科：__________ 标准：	
4.0	学生将能够：
3.0	学生将能够：
2.0	学生将识别及回忆具体的词语： 学生将能够：
1.0	通过帮助，较为成功地完成 2.0 等级和 3.0 等级的内容
0.0	即使通过帮助，也没有成功

基于标准的学生证据模板

标准	学习目标	分类标准	有关目标水平的学生证据

课时具体方案模板

课时 1		
学习目标	学生证据	教学策略

课时 2		
学习目标	学生证据	教学策略

课时 3		
学习目标	学生证据	教学策略

课时 4		
学习目标	学生证据	教学策略

附录 B　实现精准教学模式的基本要素来源资料

“精准教学系列”

由罗伯特·J. 马扎诺和国际学习科学组织马扎诺研究中心国际顾问共同撰写的“精准教学系列”，每一册提供一个实用的课堂策略，教师可以直接应用这些策略，在精准的新标准驱动下提高学生思维认知。作者提供如何实施和监测关键教学策略的技巧和针对课程适应性的建议，以确保所有的学生掌握教学内容、日常案例及常见错误的列表。该系列包括《确定关键内容：把握重点的方法》《言之有理：提出与辩护主张的方法》《记录与表征知识：准确组织与总结内容的方法》《区分异同：深度理解的方法》《加工新知：参与学习的方法》《梳理知识：检查深度理解的方法》《操练技能、策略与过程：熟能生巧的方法》《参与综合认知任务：跨学科提出与检验假设的方法》《编制与使用学习目标和表现量规：教师如何作出最佳教学决策》《组织学习活动：小组互动方法》和《标准驱动的课堂：精准教学的实践模式》。

其他资源

白皮书

Marzano,R. J.,& Toth,M. D.（2014）.Teaching for rigor：A call for a critical instructional shift. Retrieved from <www.marzanocenter.com/files/Teaching-for-Rigor-20140318.pdf>.

精确教学模式示范学校的资源

96 访问 <http: //www.learningsciences.com/services/demonstration-schools-for-rigor>，了解有关示范学校的信息。

案例研究

- 明尼苏达州的普林斯顿校区
- 佛罗里达州棕榈滩的艾克雷志·磐斯公立小学
- 佛罗里达州博卡拉顿市的卡鲁萨小学
- 佛罗里达州的格莱兹第三学校

工具与技术

LSI 成长跟踪器（The LSI Growth Tracker）

LSI 成长跟踪器是一种易于使用的在线工具，用于跟踪教师在教学策略应用方面的专业成长和合作信息。除支持教学辅导和同行指导外，LSI 成长跟踪器还可以帮助教师在一个安全的、无评价压力的区域内成长（并帮助彼此成长），使专业学习过程清晰可见。

LSI 标准追踪器（LSI Standards Tracker）

整合美国 50 个州的 K–12 小学英语语言艺术和数学科目的标准，LSI 标准追踪器将解构这些标准，帮助学生达到学习目标，这使得 K–12 的教师能够在教学中轻松收集学生的学习证据。这种强大的网络平台使教师能够与其他教育者分享数据，促进实践的校准和专业成长的独特融合。

精准教学模式——精准之路（Rigor Walk）

精准之路™ 帮助学校领导团队有效的洞察教学和领导力。通过精准之路™ 教育科学研究中心的咨询机构辅助开展学校领导团队的访谈，推动学校实施模式，现场分析收集到的精准教学信息。

快速参考指南（Quick Reference Guides）

- “‘精确教学 / 基于标准的教学路线图’快速参考指南”
- “教育目标分类学之路快速参考指南”
- “基于标准的学习目标和表现量规快速参考指南”

参考资料

[1]Achinstein, B. (2002). Conflict amid community: The micropolitics of teach-er collaboration. *Teachers College Record*. Retrieved from <schoolcontributions. cmswiki.wikispaces.net/file/view/Conflict+Amid+Community_+The+Micropolitics+of+Teacher+Collaboration.pdf/203655702/Conflict%20Amid%20Community_%20The%20Micropolitics%20of%20Teacher%20Collaboration.pdf>.

[2]Basilio-Devers, L. (2016). *Did you know？ Your school's PLCs have a major impact*. Retrieved from <www.learningsciences.com/wp-content/uploads/2016/05/PLCReport.pdf>.

[3]City, E. A., Elmore, R. F., et al. (2009). *Instructional rounds in education: A network approach to improving teaching and learning*. Boston: Harvard Education Press.

[4]Daly, A. J., Moolenaar, N., et al. (2010). *A capital investment: The effects of teacher human and social capital on student achievement in improving schools.*

Retrieved from <www.academia.edu/440686/A_capital_investment_The_effects_of_teacher_human_and_social_capital_on_student_achievement_in_improving_schools>.

[5]Darling-Hammond, L., Chung Wei, R., & Andree, A. (2010). How high-achieving countries develop great teachers. *EdPolicy*. Retrieved from <edpolicy.stanford.edu/sites/default/files/publications/how-high-achieving-countries-develop-great-teachers.pdf>.

[6]Elmore, R. F. (2000). Building a new structure for school leadership. *American Educator*. Retrieved from <www.aft.org/sites/default/files/periodicals/NewStructureWint99_00.pdf>.

[7]Ericsson, K. A., Prietula, M. J., & Cokely, E. T. (2007). The making of an expert. *Harvard Business Review*. Retrieved from <hbr.org/2007/07/the-making-of-an-expert>.

[8]Glass, A. L., Holyoak, K. J., & Santa, J. L. (1979). *Cognition*. Reading, MA: Addison Wesley Publishing Company.

[9]Grifn, P. (2007). The comfort of competence and the uncertainty of assessment. *Studies in Educational Evaluation*. Retrieved from <people.ucalgary.ca/~cwebber/ASAS/The%20comfort%20of%20competence%20-%20Patrick%20Griffin.pdf>.

[10]Hart, M. (2015). Research: Collaboration is key for teacher quality. *The Journal*. Retrieved from <thejournal.com/articles/2015/07/06/research-collaboration-is-key-for-teacher-quality.aspx>.

[11]Hattie, J. (2009). *Visible learning: A synthesis of over 800 meta-analyses relating to achievement*. New York: Routledge.

[12]Leana, C. R. (2011). The missing link in school reform. Stanford Social Innovation Review. Retrieved from <ssir.org/articles/entry/the_missing_link_in_

school_reform>.

[13]Marzano, R. J. (2007). *The art and science of teaching: A comprehensive framework for effective instruction*. Alexandria, VA: Association for Supervision and Curriculum Development.

[14]Marzano, R. J. (2011). *Making the most of instructional rounds*. Retrieved from <www.ascd.org/publications/educational-leadership/feb11/vol68/num05/Making-the-Most-of-Instructional-Rounds.aspx>.

[15]Marzano, R. J., & Kendall, J. S. (2007). *The new taxonomy of educational objectives* (2nd ed.) . Thousand Oaks, CA: Corwin Press.

[16]Marzano, R. J., & Toth, M. D. (2014). *Teaching for rigor: A call for a critical instructional shift*. Retrieved from <www.marzanocenter.com/files/Teaching-for-Rigor-20140318.pdf>.

[17]Marzano, R. J., Toth, M. D., et al. (2015). *Aligning standards with instruction and student evidence using the Marzano Teacher Evaluation Model: Six critical guidelines for evaluators*. Retrieved from <www.marzanocenter.com/Teacher-Evaluation/aligning-standards-white-paper/>.

[18]Moore, C., Garst, L., & Marzano, R. J. (2015). *Creating & using learning targets & performance scales*. West Palm Beach, FL: Learning Sciences International.

[19]National Governors Association Center for Best Practices, & Council of Chief State School Officers. (2010). *Common core state standards*. Washington, DC: Authors.

[20]Newport, C. (2016). *Deep work: Rules for focused success in a distracted world*. New York: Grand Central Publishing.

[21]Ronfeldt, M., Grissom, J.A., et al. (2015). Teacher collaboration in instructional teams and student achievement. *American Educational Research Journal*. Re-

trieved from <aer.sagepub.com/content/early/2015/05/08/0002831215585562.abstract>.

[22]Tuckman, B. W. (1965). Developmental sequence in small groups. *Psychological Bulletin*. Retrieved from <web.mit.edu/curhan/www/docs/Articles/15341_Readings/Group_Dynamics/Tuckman_1965_Developmental_sequence_in_small_groups.pdf>.

[23]Weinstein, C. S. (1979). The physical environment of the school: A review of the research. *Review of Educational Research*, 49（4）, 577–610.

索 引

（索引页码系英文版页码，数字后面的字母“*f*”代表图表。）

A

C

D

E

I

K

L

M

O

P

R

105

S